聖書と神の権威

聖書はどういう意味で「神の言葉」であるのか

N・T・ライト 著
山﨑ランサム和彦 訳

SCRIPTUTE
and
the AUTHORITY
of
GOD

N.T.WRIGHT

あめんどう

スティーヴン・サイクスとロビン・イームズへ
本書を捧げる

Scripture and the Authority of God

Second Edition

by

N.T. Wright

This translation of *Scripture and the Authority of God* (first published in 2005) is published by arrangement with the Society for Promoting Christian Knowledge, London, England, through Japan UNI Agency, Inc., Tokyo

目次

◎訳者および発行社は、著者の個人的見解のすべてに同意しているものではありません。
◎聖書の引用——基本的には『聖書協会共同訳』（©日本聖書協会）を使用。ただし、文脈上必要と思われる箇所は原書の英訳にしたがってその都度訳出した。
◎聖書の書名や固有名詞は聖書協会共同訳に準拠し、略称も用いた。人名表記は適宜訳者が判断した。例：ヘブライ人への手紙→ヘブライ書（ヘブ4・12）
◎訳注の表記——原文にない訳者による注は〔　〕内に、また長い説明を要するものは欄外に「＊」で示した。
◎文献の表記——本文内で紹介されている文献で、現時点で邦訳のないものは英語のタイトルを示し、参考に仮の邦題を付した。

第二版への序

聖書に関する本を書くということは、マッターホルンの前で砂の城を築くようなものです。せいぜい期待できることは、顔を伏せて下ばかり見ている人か、マッターホルンの輪郭に見慣れたために、その独特な美しさを気にかけなくなった人の目を引くくらいでしょう。

しかし、本書のテーマに関心を持ってもらうようにし、昔からある数々の問いを新しい視点から眺める必要があることは明らかです。人々はかつて、「聖書のための闘い」について語っていました。また一つ前の世代で目にした聖書の扱われ方があります。聖書は使用され、濫用され、議論され、投げ捨てられ、非難され、名誉回復され、ある学者によってばらばらにされ、別の学者によって再びつなぎ合わされ、そこから説教され、それに反対する説教がなされ、奉られ、足蹴にされました。つまり平たく言えば、プロのテニス選手がボールを扱うかのように扱われました。得点しようとすればするほど、かわいそうなボールをますます強打することになるのです。

全体として見た場合、明らかに教会は聖書なしで生きられませんが、どのように聖書と生きたらよいかをあまりよく分かっていないようです。ほとんどあらゆるキリスト教会は、聖書がいかに重要かについて何らかの公式見解を表明しています。そのほとんどすべてが工夫を凝らして（あるものは巧みに、あるものはそうでもなく）、聖書のある部分を仰々しく強調し、他の部分をそっと脇に置いています。これは放っておいてよい問題でしょうか？　そうでないなら、なぜでしょうか？　重要だとすれば、私たちはそれについてどうするべきでしょうか？

これらの問いに答えるために、マッターホルンと砂の城のたとえに戻りましょう。私は長年、聖書が何であるか、それがキリスト教のミッションと思考において、どんな位置を占めるべきか多くの議論をしてきました。そうしているうちに至った結論は、教会内外の多くの人々に、新鮮な視点で、山の麓《ふもと》だけでなくその岩肌やクレバス、その断崖や雪原に、そして究極的には、あの輝かしくも危険な頂上そのものに目を向けるよう促す必要がある、ということです。聖書についてこれが何を意味するかについて、おいおい本書で明らかになることを望んでいます。

特に、聖書がどのような意味で「権威ある」ものでありうるかという問いは、近年、世界中の教会でなされた何千もの討論で鳴り響きました。性倫理の問題に言及するだけで、聖書的権威の問題がどれほど重要、かつ難しいかを知るのに充分でしょう。北米におけるいわゆる「イエス戦争」を思い起こせば、イエスは何者で、なぜ死なねばならなかったかについて、四福音書にいかなる意味においてでも信頼が置けるかという問いに対して、どれほどの論争が生じたかが分かります。そしてダン・ブラウンの大ベストセラー『ダ・ヴィンチ・コード』に言及すれば、キリスト教がどのように始まったか、その点で新約聖書は信頼できるかという問いが、どれだけ文化全体を狂騒の渦に投げ込むかを知るのに充分です。

新約聖書だけについても、これだけあるのです。（時として「ヘブライ語聖書」と呼ばれる）旧約聖書についてはどうでしょうか？　ここでもまだ大いなる誤解が見いだされます。福音書によれば、イエス自身が食物に関する律法を廃棄し、安息日遵守について真摯な疑問を投げかけたにもかかわらず、そして、男の子に割礼を施すというにしえの命令は、イエスに従う者たちにもはや無関係であるとパウロが声高に主張したにもかかわらず、さらに、神殿と祭儀システムに関する詳細な規定は、偉大な大祭司であるキリストのただ一度の犠牲によって不要になったとヘブライ書が明確に述べているにもかかわらず、キリスト者の中には、創世記から黙示録に至るまで聖書全体が等しく権威を持ち、等しく有効であると考える人々がいるようです。

その一方で他のキリスト者たちは、「キリストは律法の終わり」〔ロマ10・4〕というパウロの言葉を、旧約聖書をすべて無視してよいありがたいお墨付きのように受け取ってきました。この問題を解決する道はあるのでしょうか？

職業柄、長年聖書に注意を集中してきた私は、私たちは少なくともいくつかの間違った問いかけをしていると確信するようになりました。以前書いた論文で、大部分がナラティヴであるテクストが、どのようにして権威を持ちうるかという中心的問題の一つを追求しました（この論文「聖書はどのようにして権威を持ちうるか？」は *Vox Evangelica* 誌 1991年21号 7－32頁に掲載。

現在は、私が長年書き溜めた他の文献と共に www.ntwrightpage.com で入手可能)。

それから私は拙書『新約聖書と神の民』(SPCK, 1992)〔上・下巻 新教出版社 2015, 2018〕で、聖書のストーリーを5幕劇にたとえる議論を展開し、私たちはその結末部分で即興で演技をするように招かれていると論じました。本書では、これら以前に行った二つの試みに基づいて、この問題を新しい方法で提示しようと思います。

特に私が正面から取り組もうとした問いは次のことです。——すべての権威は唯一のまことの神に属し、それがいまやイエスその人のうちに具現化されたという、聖書自体による宣言に照らし、聖書が何らかの意味で権威を持つことを、どのように語ることができるのか?——

マタイによる福音書の結末部分で、よみがえられたイエスが語られたのは、「天においても地においても、すべての権威は、あなたがたが書くだろうすべての本に与えられる」ではなく、「私は天と地の一切の権能を授かっている」〔マタ28・18〕です。

私たちは聖書そのものを真摯に受け止めるべきですが、だとすると、イエスの権威が何らかの形で聖書を通して行使されるとは何を意味しているのかを、注意深く考えなければならないはずです。それは実際に、どのようなことなのでしょうか? 特にイエス自身が、「権威」の意味そのものを再定義したことを考慮に入れるなら、どうなるでしょうか?

この再定義がどういう結果をもたらすかを明らかにするために、この第二版に二つのケーススタディを含む章を二つ加えました。「安息日」と「単婚制」です。これらの主題は、最近の議論の中で特にホットな話題というわけではありません。しかしまさにその理由によって、感情的な議論になりがちないくつかの主題より、より大局的な問題を考え抜くためのよい機会になるかもしれません。これらの議論の最終的な解答を私が示したとはまったく考えていません。多くのキリスト者にとって、少なくともそれらのテーマ自体と、より大きなテーマに取り組む実例として、一連の有益な思考の扉を開いてくれるのではと期待しています。こうして、本書の扱う範囲を拡張する機会を与えてくれた出版社に感謝します。

本書を書くための特に大きな刺激となったのは、「交わり《コミュニオン》」(「アングリカン・コミュニオン」という場合のような意味での)の性質について考える二つの委員会に参加したことでした。そして当然のことながら、このことに関して聖書という問題は中心的重要性を持っています。スティーヴン・サイクス主教が議長を務める国際聖公会教理神学委員会が、2001年から2008年まで持たれました。ロビン・イームズ大主教が議長を務めるランベス委員会は、2004年に3回の会合を開き、その成果(「ウィンザー・レポート」)を同年10月18日に出版しました。

本書の中心的主張は、これら二つのグループの働きの一部である同僚との対話から発展したものです。本書のある部分とウィンザー・レポートのいくつかの段落に重複がある場合、それは同僚たちとこれらの問題を新たに考え抜き、自分の言いたいことの明確化を促した対話に、いかに多くを負っているかを示すものです。私はスティーヴンとロビンが両委員会で活発な議論を導いてくれた手腕と、それによって私が重要な問題をより深く考える助けとなったことへの深い感謝を込めて、本書を彼らに捧げます。

本書は、それが扱う主題の幅広さという点でも、読者が期待するような他の著者との討論という点でも、完全なものとはとても言えません。むしろ、この時代に合わせた小冊子《トラクト》のようなものです。私の他の本が長すぎると文句を言った人々が、今度は、必要に迫られて電報のように圧縮して扱ったために書けなかった事柄について、不平を言うことのないようにと願っています。私はいつか、より時間的余裕をもってこの主題をまた取り上げたいと思っています。特に私が多くを学び、これからのページでその考えを借用したり、議論したりした大勢の著者たちと対話をするためです。

さらに私は、突然の申し出にもかかわらず、原稿を読み、コメントをくださった次の方々に大変感謝しています――アンドルー・ゴダード博士、リチャード・ヘイズ教授、ブライアン・ウォルシュ博士、そして私の弟スティーヴン・ライト博士です。彼らは私の発言に責任を負ってはいません。じつのところ、いくつかの論点について私と意見が別れたままですが、議論の明確化の大きな助けとなりました。いつもと同じくSPCK社の人々、特に原稿のさまざまな段階で助けてくれたサイモン・キングストン、ジョアンナ・モリアーティ、サリー・グリーン、ヨランド・クラーク、そしてトリーシャ・デールに感謝しています。

正誤表　P.11 後ろから3行目
誤　わたしたちを教えるために聖書を記された主よ、
正　わたしたちを教えるために聖書を記させられた主よ、

といった表現は不適切で偏見に満ちたもの
だ

語で書かれていますが）や「キリスト教聖書」といった表現を好むことを充分承知の上で、これらの表現を使いました。私はキリスト者として執筆しており、これから論じるように、イエス・キリストの弟子たちは当初から、古代イスラエルの聖典［旧約聖書］がイエス自身において成就してクライマックス達し、エレミヤによって預言された「新しい契約」［新約聖書］を生み出したと考えているからです。私たちはあらゆることに中立かのように装うことはできません。そうしたことや他のささいな言葉遣いによって、私が本当に言いたいことから読者の皆さんの注意がそれないようにと願っています。

最初のプロローグは本書の舞台を設定し、聖書についての議論を、まず教会史のコンテクストに、次に現代文化のコンテクストに当てはめます。すでにこれらの知識のある人々、あるいは私の議論の核心に急ぎたい人は、ここを飛ばして本論が始まる第1章へ進むことができます。

私の属している教会［聖公会］は何世紀ものあいだ、すばらしい祈りを用いてきましたが、それを私の言葉として閉じたいと思います。

わたしたちを教えるために聖書を記された主よ、
どうかこれを聞き、これを読み、心を込めて学び、
深く味って魂の養いとさせてください。

また、み言葉によって強められ、耐え忍ぶことを習い、
み子によって授けてくださった限りない命の望みを抱き、
常にこれを保つことができますように、
み子イエス・キリストによってお願いいたします。アーメン。（『日本聖公会祈祷書』より）

オークランド城にて　　トム・ライト

プロローグ

教会の使命と日常生活における聖書の位置と役割についての議論が、再び沸騰しています。教会におけるさまざまな領域での今日の「聖書のための闘い」は（特に性倫理についての論争において顕著ですが、それだけではありません）、教会と世界におけるもっと大きな問題の一部として理解する必要があります。この事実を認識し、理解し、対処しない限り、聖書の特定の箇所や主題はおろか、聖書全体の権威についての議論は、まるで聴く耳のない人々の対話であり続けるでしょう。

けれどもこれらの問題に直接取り組む前に、いくつかの予備的な事柄を取り上げる必要があるため、このプロローグを書いています。

それではまず、キリスト教会における聖書の位置について短く素描した後、現代文化におけるその役割について見てみることにしましょう。

教会における聖書

最初の千五百年間

キリスト教会の生活にとって、聖書はつねに中心であり続けてきました。イエス自身が知っていた聖書は、古代のヘブライ語とアラム語のテクストであり、その時代のユダヤ世界に満ちていた物語《ストーリーズ》、歌、預言、知恵によって決定的に形作られていました。最初期のキリスト者たちも、それらと同じ聖書を調べ、生ける神がイエスを通して成し遂げたことを理解しようと努め、それに従って熱心に自分たちの人生を秩序付けようとしました。

2世紀初頭までに、多くの初期キリスト教文書は集められ、それ自体畏敬の念をもって扱われ、元のイスラエルの聖典と同様の地位を与えられるようになりました。2世紀末までには、何人かの傑出したキリスト者たちが聖書の研究と講解を行いました。そこには古代イスラエルのテクストと、イエスの弟子たちによって書かれた、より直近のギリシア語テクストが含まれていました。彼らの著作の大部分は、教会のミッションを追求し、外からの迫害および内からの論争に対抗して、教会を強めることを目的としたものでした。

それに続く、オリゲネス、クリュソストモス、ヒエロニムス、アウグスティヌス――そしてさらに後代のアクィナス、ルター、カルヴァン――といった人々は、偉大な「神学者」と考えられることが多いですが、彼ら自身はほぼ間違いなく自分たちのことを、何よりも聖書の教師と考えていたことでしょう。実際、彼らの誰も「神学」と「聖書学」を、現代人のように区別して使用することなど夢にも思わなかったでしょう。

宗教改革から現代まで

16世紀の宗教改革者たちは、中世の教会を通じて発達してきた伝統に反対し、聖書を強調しました。宗教改革に起源を持つ教会はみな（初期の教父たちと同様）、聖書の中心的重要性を強調しました。ルター派であろうと改革派であろうと、聖公会、長老派、バプテスト、メソジスト、あるいはより新しいペンテコステ教会であろうと、公に聖書を自分たちの信仰、生活、そして神学の中心に位置づけています。これが、宗教改革以後に生まれた諸教会を区別するしるしです。

東方正教会やローマ・カトリック教会は、教会における聖書の働きについて、より複雑で、他の要素と混じった理解を持っています。けれども、より古い歴史があるこれらの教会においても、聖書が書き記された神の言葉であるとの主張を引っ込めたことは一度もありません。実際これらの教会は、特定のテクストの解釈の違いだけではなく、彼らの目には無神経に見えた聖書への態度のゆえに、宗教改革以後に生まれた諸教会を批判したことが知られています。

ディヴォーションと弟子化

キリスト教会のどの主要な教派においても、聖書は、特定の問題を議論するときのみに参照する書物として考えられたことは一度もありませんでした。その始まりから、それは教会の礼拝において鍵となる位置を与えられてきました。つまり、聖書は教会の思想だけではなく、賛美と祈りの要素だったのです。

多くの伝統の中で明らかなことは、キリスト者の礼拝において詩編が中心を占めていることです。大多数とは言わずとも、多くの教派の聖餐式における福音書の朗読が、神がその民に語りかけ、民が神に応答するための中心的な方法であると暗黙のうちに、しかし力強く信じられていることが分かります。個人で聖書を読んで学ぶという、広く行われている習慣は、キリスト者のディヴォーション［個人的礼拝］の中心的部分として長い歴史を持っています。かつてプロテスタント特有の現象だったこの習慣は、いまではローマ・カトリック教徒の間でも広く推奨されています。

ディヴォーションだけではありません。弟子化［キリストの弟子として歩む信仰生活の基礎を総合的に学び実践すること］もそうです。聖書を読み、学ぶことは、神の愛の中で私たちが成長し、神とその真理をさらに理解し、逆境の中でもイエスの福音に従って生きる道徳の能力を育てる中心的なものとみなされてきました。これらはいまもキリスト者の人生に不可欠ですから、聖書はキリスト者の標準的生活の至るところに織り込まれているのです。

この理論を実践する方法は、教会によってさまざまに発展してきました。私自身が所属する（アングリカン・コミュニオンの一部である）英国国教会の聖書への信念は、あらゆる論争に対処する長大な論文や教理の一覧によって最終的な決着を与えられたわけではなく、普通のキリスト者が新鮮な心で聖書を読んだり、考えたり、祈ったりする必要をなくすものではありませでした。そうではなく、私たちは聖書を読むことが公の礼拝の焦点であると主張してきました。英国国教会は、すべてのキリスト者が自分で聖書を読み、学ぶことを推奨してきました。そして教会はその指導者、特に主教たちに、聖書を学び、教え、それに従って教会の歩みを秩序付けるという、中心となる厳粛な務めを委ねてきたのです。

現代文化における聖書

教会は（もしそれが自らの性質と召命に忠実であるならば）、神が造られた世界にいつでも開かれているので、聖書は教会の中だけに鎮座しているのではありません。聖書に投げかけられる数々の質問について、私たちの文化はいろいろな方法で影響を与えています。

これから、文化・政治・哲学・神学・倫理という、現代文化の五つの領域について見ていきます。それらの一つひとつは複雑に絡み合ったパターンの中で他の領域と相互に作用しあっています。この五つのリストは網羅的なものではありません。しかし、特に今日の西洋世界における一般社会ではもちろん、教会の中でさえ、一致した承認と賛同を受けるような形の聖書の用い方が、いかに難しいかを示しています。

聖書と文化

「モダン」と「ポストモダン」の文化の間で継続的に、大いに議論されてきた相互作用の結果、少なくとも西洋社会に不確実なムードが生じました。すぐにそれと分かる三つの分野があります。

第一に、私たちは何者であり、何のために生きているのかに関する古くからの大きな物語が挑戦を受け、脱構築されました。これはある意味で、モダニズムのレトリックをその物語自体の上に適用したものです。（18世紀啓蒙主義によって始まった運動である）モダニズムは、教会によって語られた大きな包括的物語を、ヴォルテール［１６９４～１７７８、啓蒙主義を代表する仏の哲学者］のような著者たちによって攻撃したことで、自らの道を切り開いたのです。そしていまやポストモダンは、人類が自分たちの生活を秩序付けるために用いてきたあらゆる大きな物語（「メタナラティヴ」）、特にモダニズム自体が商売道具としてきた「進歩」や「啓蒙」といった物語に対し、同じことをしました。

聖書は明らかに、神や世界や人類についてのかなり充実した個別の物語を提供しているだけでなく、創世記から黙示録にいたる正典の形式で、一つの包括的な物語を語っています。しかし、それこそまさに、今日の人々が抵抗するようにと教えられてきた種類のものに見えます。あらゆるメタナラティヴと同様、それは誰かの利益に供するために語られたものではないか、という嫌疑を直ちにかけられるのです。人々はそれを、一種の権力闘争だと考えます。

第二に、真理の概念が精査され、実際攻撃されてきました。現代人の多くは、二つの大きく異なる種類の「真理」について考えています。「イエスが十字架の上で死んだのは真理か?」と問うたなら、それが通常意味するのは、「それは本当に起こったのか?」ということです。けれども「放蕩息子のたとえ話は真理か?」と問うたなら、「それが本当に起こった」という考えはすぐに退けられるでしょう。たとえ話はそのような類いの話ではないからです。私たちは、まったく異なる意味でそのたとえは「真理」だと主張するでしょう。つまり、このたとえ話のナラティヴには、神とその愛についてと、幾重にも重なった人間の愚かさについてのイメージの一つを見いだすことができます。そしてそれは、あらゆるレベルの人間の知識と経験に照らして真理だ、と言うのです。

ここまでは問題ありません——もっともほとんどの人々は、これらの異なる「真理」の意味や、それが他の問題に及ぼす影響についていつも立ち止まって考えているわけではありませんが。むしろ近代末期には、人々は人間の言説のますます多くの領域を、最初のタイプの「真理」に押し込めて、あらゆるものから「事実」を引き出そうとしました。そうすることで、長さや重さで計測可能な、たとえば化学のようなハードサイエンスの実験のように、あるいは数学の方程式のように実証可能な、一種の箱の中に万物を詰め込もうとしたのです。

けれどもこの試みは、特に歴史や社会学の分野で行き過ぎて失敗してしまいました。いまやポストモダンは私たちを反対方向に押しやり、科学実験による「事実」と思われている事柄も含め、あらゆる「真理」は、権力を求めるための主張だと考えられるようになりました（たとえば、科学者たちはある種の薬を売って金儲けをたくらむ企業に雇われている、といったように）。つまり、ニーチェが百年以上も前に論じたように、真理に対するあらゆる主張は、権力への主張ということになります。「物事のありさま」に関するあらゆる言説は、「物事についての私の見方」の一種となり、「私が見たい物事のありさま」ということにさえなるのです。

あるいはここで、「（ある特定の文化に生きる）私たちのものの見方」について語るべきかもしれません。「社会的構築」という考え方によって、一見すると安定した定量化可能に見える概念も、「この特定の社会が現実の見方を構築する方法にすぎない」と示されるようになりました。しかもこの考え方は、私たちが「真理」全体を理解する方法に深い影響を及ぼしてきました。

聖書は真理について大いに語っているところがあるので——そして特定の人々がその真理にどう関わるかについても大いに語っているところがあるので——その主張を、特定の、ひどく相対的な状況に依存する視点へとおとしめることが可能であり、むしろそうすべきだとなったのは容易に想像できます。「あなたにとっての真理」は「私にとっての真理」と同じでないかも知れません。「現実の社会的構築」は、社会が変われば非常に異なるものになるかもしれません。多くの人々は、このような文化的変化を最近まで理解できませんでした。しかしいまやそれは私たちの世界の人々にとってあまりに明白になったので、逆説的なことに、それ自体が私たちの時代の疑うべからざる絶対的真理の一つとなったのです。

第三に、私たちは個人のアイデンティティという問題に直面しました。「〈私〉とは何者か?」という問いは、かつてのように簡単に答えられるものではなくなってしまいました。もはや「我が人生の主人、我が魂の船長」〔W・E・ヘンリーの詩「インヴィクタス」の一節より〕でなくなった個人は、自分の内面を見つめても、さまざまな衝動が激しく干満を繰り返すのを見るだけです。ハイゼンベルクの不確定性原理は、大衆的言説において、観察するという行為自体が観察される物を変化させる、というふうに要約できます。そこで困ったことに、同じことが自分を鏡で見るときにも起こるのです。

人間として、そして/あるいは神の民の一員として、そして/あるいはイエスの弟子として、私たちが何者であるかについて、聖書は大いに語るところがあります。特にそれは、私たちは神のかたちに造られたのであり、そのかたちが刷新されていく民となるよう召されているということです。したがって、私たちが何者かについて聖書が語る内容を頭と心にとどめ、それにしたがって生きることに最善を尽くそうとします。そのとき、人間存在についてのキリスト教的見解だけでなく、個人のアイデンティティに関するあらゆる固定化された、安定した見解に疑問を呈し、挑戦してくる自らの文化と正面衝突するのに気づきます。

このように、(a)世界を理解すること、(b)現実を理解すること、そして、(c)自分自身を理解することはすべて、不可知の沼、また煙霧へと崩壊していく危機にさらされています。そこでは「知ること」自体が何を意味するのかさえ、分からなくなってしまっているのです。世界や自分自身をそのように経験している人々にとって（主要な新聞雑誌を一瞥するだけで、それこそが、多くの人々がいつも呼吸している文化的空気であると分かります）、すべてについての不確実性こそが、私たちの人生のたどる道なのです。

もちろん、このような不確実性は、今度は確実性に対する新しい、不安に満ちた熱意を生み出します。だから原理主義が人気を集めているのです。この原理主義は、現代世界においては近代以前の世界観への回帰というよりむしろ、まさに近代主義の一形態なのです（「客観的真理」への疑似科学的な探求という枠組みによって聖書を読むことも同様）。これらすべての要素は、聖書を読むことの一般的な、そして特に教会での聖書の使用の仕方に影響を及ぼします。

本書で私が論じたいのは、モダニズムの一種でもなければ、モダニズム以前への回帰でも、ポストモダニズムへの降伏でもありません。それは、願わくはこのすべての混乱を通り抜けて前進する道であり、神の世界にあって、神の世界のために、神の民という共同体にあって、キリスト教的、かつ聖書的な高潔さをもって生きる道のことです。

聖書と政治

明らかに文化は、第二の分野、すなわち政治にも影響を与えます。厳しくも現実がその存在を認めさせます。中東の砂の上や北アイルランドの道路に引かれた線を踏み越える者は、撃たれるのです。

２００１年９月11日の恐ろしい悲劇は、一方で古典的なポストモダンの瞬間でした（近代主義的な経済と軍事帝国による超高層ビルという偉大なシンボルが、もう一つの物語の具現化によって文字どおり脱構築されました）。他方で、その悲劇はまた、強固な現実を再び強調するものでした。とりわけ、自らを次々と改革し続け、自らの娯楽と利益のための私的空間を無限に生み出し続けることができると考えていた世界に対し、死という現実を突きつけたのです。

政治の問題は私たちを圧迫します。現代の西洋民主主義は危機に瀕しています。重要な選挙よりもリアリティＴＶに「投票する」人のほうが多いのです。圧倒的多数の人々によって、議会の討論を閣僚たちが窒息させることによって、スピンドクター［詭弁を使って特定の人が有利になるよう情報を操作する人］たちによって、そして非民主主義的なロビー活動によって、真の討論は不毛にされています。左派／右派といったスペクトルは（確かな現実を表していると多くの人が思っていますが、実際にはフランス革命から継承したものに過ぎません）、政党やコメンテーターや有権者を、不適切な「抱き合わせ販売」のメンタリティに閉じ込めます。ある問題についての立場を決めると、それ以外の多くの問題についても、それぞれが特定の立場を取るものと見なされてしまうのです。

自分たちが何者であり、何をすべきかについての古いモデル（たとえば冷戦のモデル）はなくなりました。その結果、私たちが痛切に思い知らされているのは、次に何が起こるか誰にも分からず、したがってそれに対応するどんな行動計画も立てられない、ということです（こうしてバルカン問題、中東、特にイスラエルとパレスチナ問題、飢餓、エイズ、その他の惨事が生まれました）。

政治的道徳とでも言われる案内図は姿を失いました。ホロコーストと核爆弾は過去五十年以上ものあいだ、道徳上の暗い影を落としていました。事実上、西洋のすべての道徳と政治に関する議論は、特定の事柄が間違っていると知りつつも、どうやってそれを正せばよいか分からない世界においてなされてきました。私たちを駆り立ててきたおもな衝動は、できるだけアドルフ・ヒトラーのようにならないようにする、ということでした。それは疑いなく高邁な目的ですが、理想の世界が具体的にどういうものかの詳細について理解するには、あまり役立ちませんでした。

私たちが直面する問題は、１９３０年代［第二次世界大戦が勃発する直前の時代］に回帰すれば理解できるものばかりではありません。フェミニズムやポストコロニアリズム［植民地支配がもたらした影響の批判的研究］といった、強力で重要な運動は、しばしばポストモダン的衝動からエネルギーを得ていますが、同時に自分たちの新しく「確実な」モラル（「ポリティカル・コレクトネス」）を作り出し、どこでも私たちの袖を引っ張るのです。

このような世界にあって聖書を読むとき、何が起こるでしょうか？聖書の出エジプトやカナン征服、解放と王国、捕囚と帰還のナラティヴ、そしてイエスの普遍的主張——つまり神の王国という主張！——は、多角的な反響を引き起こすため、私たちはそれを無視できず、無視すべきでもないことが分かります。一方、同時代の喫緊の政治的問題に関わるために、聖書を現代の目で真摯に、責任をもって読み直す段になると、2世紀にわたって、聖書と政治はまったく関係ないふりをしてきた（すなわち、そのことが公理となった啓蒙主義以来の）教会は、現実に対して無力になってしまいました。そのようなことは、2世紀のエイレナイオスから16世紀のリチャード・フッカー［1554-1600］にいたる神学者たちには、まったく理解できないことでしょう。

聖書と哲学

第三に、文化と政治は私たちを哲学の問題に立ち返らせます。人々が認識していようといまいと、哲学が投げかける問題は、あらゆる社会の抱える大きな難題の表面下に横たわっています。どのように物事を知ることができるのか？ 我々は何者か？ 世界の全体をどのようにして説明できるのか？ それは単一の存在なのか、それとも「物質」と「霊」のような二元性を持っているのか？ もしそうだとしたら、そのどちらがより重要な、「リアルな」部分なのか？ 悪の性質とはどのようなものか、そしてそれについて何ができ、またすべきなのか？ どのようにして人間は世界の中で適切に生きることができるのか？ 西洋哲学が議論してきた古典的問題には、こういったものが含まれています。

啓蒙主義は最後の二つの問いに対して特徴的な答えを与えました。この文化的爆発から生じた多くの思想的流れの中に、悪の問題に対する新しい見方が含まれています。それは17世紀の宗教戦争、そして1755年のリスボン地震［死者3万人を数える欧州最大の自然災害］において強調されました。その見解は、世界は実際二つの領域に分かれており、神は階上にいて、純粋な因果関係によって支配される世界は階下にあるという考えを提案しました。

もしそうであるなら、神は物質世界の日常的な運行を統制していないのであり、そこに干渉することもない、ということです。もし神が世界をコントロールしており、そこに介入してくるのであれば、リスボンで起こったこと（今日の私たちは、「アウシュビッツで起こったこと」を付け加えてもよい）は理解不能に思えます。けれども、もし神を世界の方程式から除外し、神のすることは、現在において霊的慰めを与え、将来は霊的希望を与えることにあるのであり、神は物質世界に関与しないというのであれば、世界は人類に属し、人類の掌中にある、ということになります。より具体的に言えば、それは当時（哲学者たちがそのように考えていたまさにその当時）発展していた新しいテクノロジーに属するということです。それは自然界に対し、想像を絶するコントロールと搾取を波及させ始めました。「神は天にいる、私たちは自らの産業とエネルギーと、そして（もちろん）帝国によって世界の諸問題を解決するのだ」というわけです。

実際は、そううまくはいきませんでした。啓蒙主義は約束のものを与えることができなかったのです。人々は互いに争うことを止めなかったばかりか、啓蒙主義を生み出した当の諸地域も内部抗争に巻き込まれ、問題と思われた事柄への「合理的な」解決法に、グラーグ［ソ連邦時代の強制労働収容所］やホロコーストといった「啓蒙主義の成果」も含まれていたのです。啓蒙主義を土台にした最大の国家であるアメリカ合衆国は、事実上の世界帝国として、世界の大部分がますます貧しくなる中で、ますます富むようになっています。

他の多くの事柄も含め、これらすべては、抗議運動としてだけではなく、それ自体独自の哲学としてのポストモダニズムが芽を出し、成長する肥沃な土壌となりました。その結果20世紀の哲学では、一方で、かつての大きな問題を論じることを止めて分析哲学への退却が起こり（「何について語っているか分からなくても、少なくとも意味のある話をしていることを確かめよう」という方向へ）、他方で、実存主義への退却が起こりました（「この奇妙で異質な世界において、この私はどうしたら真に生きることができるのか？」という問い）。けれども、これらの試みはどちらも袋小路にはまりました。すべてがイメージで、実体が何もないヴァーチャル・リアリティの世界で、意味のある会話をすることに何の意味があるでしょうか？　一瞬ごとに、「私」が誰であるか分からなくなる状況の中で、「真正」であることに何の意味があるでしょうか？

私が言いたいのは、世界についてのより古い考え方は、聖書の研究に、大学や教会でそれが教えられる仕方に、また今日でも標準的とされている多くの書物に反映されており、それらは世間の主流の文化ですでに信用を失っている、ということです。（いまでも多くの教授は、「先入観なしに」行われた研究の「客観的な」成果を教えており、それに疑いを挟もうとするあらゆる試みを、批判的学問以前の、ナイーヴで原理主義的な考え方への回帰だと考えています）。

いまや聖書学には、いくつもの新しい波が起こっています。先ほど述べたばかりのポストモダン的運動（たとえばフェミニズムやポストコロニアリズム）は、新しい視点を提供しています。すでに述べたように、これらすべてはいまも継続中であり、人々が意識しようとしまいと、そしてたぶん意識していないときにはなおさら、人々が聖書を読み、論じる仕方に影響を与えているのです。このような哲学的論争の渦まく潮流を意識しつつ、しかも難破したりカリュブディス［ギリシャ神話に出てくる航海を妨害する海の怪物］に呑み込まれたりせずに聖書を読む方法はあるのでしょうか？

聖書と神学

第四に神学そのもの、そしてそれに関連する最近の聖書学は、特に自覚的に多元主義的なアメリカ文化において、先述したのと同じく混乱していますが、同時に聖書を読むためのかなり豊かなコンテクストを提供しています。１９６０年代と１９７０年代に自由主義神学がその頂点にあったとき、神学における聖書の位置づけが頻繁に議論されました。しかし今日まで、満足のいく解答は何も得られていません。

ジョン・A・T・ロビンソンは優秀な聖書学者と思われていました。しかし、彼の最も有名な本『神への誠実』（SCM, 1963. 邦訳は日本基督教団出版局）には、キリスト教についての考え方の再構築に当たって聖書と格闘すべきだという義務感について、これっぽっちも示されていませんでした。実際、同書において聖書は、解決の一部どころか、問題の一部とみなされたのです。１９７０年代から起こってきた三位一体論のリバイバルは（ユルゲン・モルトマン、コリン・ガントン、ローワン・ウィリアムズといった多様な神学者が思い浮かびます）、明確で詳細な聖書に関する議論や釈義なしに行われました。その理由はおそらく、組織神学者が引用できるような聖書学者たちが、神論について、あるいは実際の「教理」そのものについて、あまり興味を持っていなかったからだと思われます。

過去二世代ほどの組織神学者、あるいは哲学的神学者たちのうちに、聖書そのものについて、つまりそのテクストが、実際何を言っているかの専門的な著作を行った人はほとんどいません。その注目すべき、そして教訓に富む一例は、ジョン・ウェブスターによる *Holy Scripture: A Dogmatic Sketch*『聖書―教義の素描』（CUP, 2003）です。この本を読んでも、聖書に何が書かれているかについて何も分からないでしょう。ウェブスターは、このような私のコメントは的外れだと反論するかも知れません。それでも彼は、聖書がすべてのキリスト教思想の中心的な源泉だと主張しているので、そのような主張のために聖書そのものを土台にすることは適切であると思います（そして、彼のような優秀な学者の手に負えないものではないはずです）。

おそらく神学者たちは、カール・バルトの前例に怖気づいたのかも知れません。彼は『教会教義学』の中で膨大な釈義を提供しましたが、そのうちに継続した吟味に耐えうる内容は多くないからです。（特筆すべき例外が二つあります。A・C・シセルトンの長大な第一コリント書の注解書［Paternoster, 2000］は印象的であり、ユニークな形で、それ以前に書かれた二つの哲学的解釈学の書、*The Two Horizons*『二つの地平』［Paternoster, 1980］と *New Horizons in Hermeneutics*『解釈学における新しい地平』〔HarperCollins, 1992〕と並んでそびえ立っています。そしてオリヴァー・オドノヴァンの著作の多く、特に彼の *The Desire of the Nations*『国民の渇望』〔CUP, 1996〕は、聖書の事実だけではなく、その内容についての長い考察を含んでいます）。

実際、組織神学者たちが初期キリスト教の信仰について書いたとき、彼らは、聖書学とはギリシア語の語根を噛み砕いて形を整えるだけの学問であるかのように（あるいは、神学者たち自身が探し求めている概念を聖書テクストの中に「発見する」ことのできる人々だけがまともな聖書学者であるかのように）振る舞ったことが多かったのです。もはやそれを誰も信じていません。聖書学者は、中立的で客観的なツールと手法を備え、組織神学者が「解釈」することのできる聖書についての「事実」を提供する存在、というものではありません。

聖書学に携わったことのある人間なら誰でも知っており、また知るべきことですが、私たち聖書学者も他の人々と同様に多くの解釈学的方策と期待をもってテクストに取り組みます。聖書学における首尾一貫した態度は、何の先入観も持たないことにあるのではなく、自分が持っている先入観を知り、別の先入観を持った人々の意見を聞いて対話する義務を自覚していることにあります。けれどもいまでも人々は、自分にとって都合のいい場合に、先述した前時代的描写がいまだに真理であるかのように書くことがあります。

視野を広げて見るなら、「ラディカル・オーソドキシー」[*]と称する運動があります。一種の中世神学の書き換えを推進しようとしていますが、奇妙なことにその図式《スキーム》の中に聖書はありません。これと対象的に、アフリカや他の非西洋世界から現れた神学は、聖書から豊かな洞察を得ていますが、ごく最近まで、西洋人でこれらを真面目に取り上げた人はほとんどいなかったため、大きなインパクトを与えることはできませんでした。ユダヤ教、イスラム教、ヒンドゥー教、そして他の共同体とのキリスト教の関係についての研究はますます重要になっていますが、そこで聖書は恥ずべきものとして登場しがちです。

多くの現代神学において、実際、聖書は単なる資料（重要で、豊かで、刺激的な場合もあれば、問題含みで困惑させるような場合もあります）に過ぎないので、キリスト教神学がどのように聖書の権威のもとで行われるかとか、そのような権威が何であるかという理論的説明をどうするかといった総合的な意味はほとんど持っていません。

聖書学自体においても、１９９０年代のアメリカで行われた「イエス戦争」や、ますます激しい論議を呼んでいる「パウロ研究の新視点（ＮＰＰ）」、あるいは「恐怖のテクスト」（暴力や抑圧を正当化するために用いられてきた聖書箇所）を強調して批判するフェミニズム（そして、その他の解釈）にはみな、すでに述べた文化的、政治的、哲学的なプレッシャーとの相互作用（多くの場合で無意識の）が現れています。

このような現状を見て人はお手上げになり、個人的ディヴォーションのための刺激以外に何

＊　啓蒙思想以降、神学と哲学が切り離され、哲学がニヒリズムに陥ったため、その解決のために神学でモダニズムを問い直そうという運動。

を聖書から引き出すことができるのかと、疑問に思っても仕方がないでしょう。その場合でさえ、ある批評家たちは聖書箇所のいくつかに、健康被害のおそれがあるという警告文をつけるべきだと言ったりします。ここから先に進むべき道はあるでしょうか?

聖書と倫理

第五に、倫理の問題は（そこで聖書とその権威についての多くの論争が焦点となってきました）、これらすべてと結びついています。あるいは、それらの壁から跳ね返ってくると言うべきかもしれません。その明らかな一例は、戦争と平和についての議論に再び取り組もうとする、いくらか狂気じみた昨今の試みです。「正戦論」という言葉を聞いたこともなかった人々が、突然、それについて——そして、平和主義に向かう聖書の傾向、いやむしろ福音の命令について考える必要を感じるようになりました。

イエスは平和主義者だったのでしょうか? もし彼が暴力を信奉していなかったのなら、なぜ彼は、神殿にいた両替人の机をひっくり返したのでしょうか?「権力」は、神によって立てられたものであり、「剣を帯び」る権利を持っているとパウロが認めたこと（ロマ13・1-7）は、キリスト者たちが兵役に就くことを（これについて西洋のキリスト者たちは、つい最近までほとんど疑問に思いませんでした）許すという意味なのでしょうか?

同様に、ジェンダーとセクシュアリティに関する今日の問題は、私たちの時代の文化的、政治的、哲学的、神学的コンテクストから生じ、その中で繰り返し形作られてきました。目下の問題に関係のあるよい例は、同性愛に関する「本質主義者」と「構築主義者」との間で闘われている激しい論争です。

前者は、個人の客観的「アイデンティティ」はその人の性的「指向」、あるいは好みにあるという、多かれ少なかれ近代主義的な立場をとり、「ゲイ遺伝子」への執拗な探求を続けてきました。後者はセクシュアリティについて徹底的にポストモダン的な、漠然とした議論を主張します。そこでの性行為のタイプに関する選択は、人が生きていくに従ってなされていくものであり、それには何の説明も弁解も必要なければ、人の行動についてのどんな外的規範、客観的現実、あるいは「アイデンティティ」の獲得と照合して証明する必要もない、と言います。

この論争は、すべてではありませんが、たとえば、「生まれか育ちか」といった、かつて行われてきたいくつかの議論が異なる表現で繰り返されています。しかし、これらすべては聖書に(もし関係するとすれば)どう関係するのでしょうか?

神からの新鮮な言葉

これら五種類の問いに直面したとき、キリスト教的な聖書の読み方は、その時々の圧力によって単に一つの形に押し込められてはなりません。むしろその反対です。イエスのたとえ話は

1世紀のユダヤ教世界に侵入し、神の王国を理解するための道を開きました。そして、考え、祈り、生きるためのそれぞれに違った仕方を人々が思い描ける、新鮮な洞察を与える解釈学的スペースを作り出しました。同じく聖書自体も、神の言葉は生きていて、活動的であり、力があり、実を結ぶという継続的な約束を差し出しています（たとえばイザ40・8、55・11、ヘブ4・12）。

ここから、聖書を新鮮な方法で読み、また教えることによって、神の視点がその時代の文化の鋳型にはめ込まれて去勢されることがないようにしなくてはなりません。むしろ私たちの現在の文化とその中にある一切のものを、神から与えられた新しい視点によって論じ、挑戦するという希望が生まれてくるはずです。

したがって、ただ聖書を参照すれば問題が解決するかのごとく、軍事行動の正当化にローマ13章に訴える（読み上げる）だけだったり、同性愛行為を禁止するために、ローマ1章を引用してすませるだけでは、真面目な議論には不十分です。そうすることは、これらの箇所の文脈と意味に関して行われてきた真の議論に注意を払っていないことになり、その背後にある鍵となる問いについても見落とすことになります。

そこで、この小著の残りの部分は、次の三つの問題に費やします。

1　そもそも、聖書はどのような意味で権威があるのか?

2　どのようにすれば聖書を適切に理解し、解釈することができるのか?

3　適切な解釈がなされたとして、聖書の権威は、世界はもちろん、教会に対してどのような影響を及ぼすことができるのか？

これらの聖書を巡る闘いには、「伝統」と「理性」に対する聖書の権威の関係についてなされた16世紀の論争のこだまが聞こえてくるかのようです（そうでないこともありますが）。これは混乱を招くものです。なぜなら、多くの主流派のキリスト者たち、特に教職者たちは、これらの論争に照らして神学を学び、それに従って立場を決めるようにという強力な圧力を感じるからです。するとそれは、党派的忠誠心の問題になってしまいます。つまりプロテスタント、あるいは福音派の観点を持つ人々は聖書の権威を強調し、カトリックの背景を持つ人々は、伝統を強力に擁護します。リベラルを自認する人々は、理性を強調することになります。

けれども、「聖書」「伝統」「理性」自体は、そしてそれらの間の関係は、何世紀も固定されたものだったわけではありません。聖書でさえ（写本の発見によってささいな修正を施されることはあったにせよ）、そのテクストは比較的安定したものであっても、いまや16世紀と非常に異なる形で認識されています。かつて聖書は、真正なる教理と倫理の貯蔵庫として見られていました。実際それは、ヘロドトスやトゥキディデスが古代ギリシア史の主要な「権威」であったのと同じ意味で、初期の人類とイスラエルの歴史についての至高の「権威」とみなされてきました。現代においてそれは、ある一つの宗教的、また文化的歴史を反映する文書の雑多なコレクションとみなされたり、かなり異なる視点から、神と世界についての壮大なナラティヴ、包括的な物語とみなされたりというように、いろいろな捉え方がなされています（165–176頁を参照）。

同じように、「伝統」という言葉の意味も、たとえばジョン・ヘンリー・ニューマン〔1801–1890、英国の神学者〕が教理の発展を論じた著作の後では、それ以前と大いに異なってきます（104–111頁を参照）。さらに、「理性」（reason）という言葉も、フッカーやその同時代人にとっては、おもに明晰に論理的に思考することを意味しました。それが大文字のRをつけて呼ばれるようになって、独立した自律的なアイデンティティを持つようになりました。そして、いまでは理性は、独立したソースとして、そして現代科学の成果と思われているものを指す言葉として引き合いに出されることが多くなりました（113–117、165–167頁を参照）。

これらすべてが意味しているのは、私たちの現代の議論を、16世紀の闘いをもう一度闘うかのように基本的に考えるのは、勘違いもはなはだしいということです。しかし、これらの古い時代の意見の相違は、もはや無意味だというのでも、それらが今日の問題と何の関係もないと言いたいのでもありません。

今日における意見の相違が、過去のそれとどの程度結びついているかは、今後のページで明らかになっていくでしょう。私が言いたいのは、自分たちが現在直面している新しいプレッシャーやチャレンジを充分に考慮した上で、21世紀において忠実なキリスト者であるとは、そしてその中で、賢明で成熟した聖書の読者、あるいは教師となるとはどういう意味なのかという問題を、深く掘り下げなければならないということです。

私たちは過去の知恵から学ばなければなりませんが、問題は、ルターやカルヴァン、クランマーやフッカー〔以上は16世紀の宗教改革者〕、さらに言えばアクィナス〔13世紀の神学者〕やイグナチオ・デ・ロヨラ〔16世紀のイエズス会創始者〕が直面した問題と同じであるなどと考えてはならないことです。ついでに言えば、ジョン・ヘンリー・ニューマンやカール・バルト、ウィリアム・テンプル、マイケル・ラムゼイ、あるいはジョン・A・T・ロビンソン〔以上は20世紀の神学者〕の問題とも異なります。私たちは海図にない海を進んでいます。その海の水は、今日のある論客たちが認識しているよりも、はるかに深いのです。

現在の底の浅い議論

悲しいことに、今日行われている議論の多くは、浅薄でつまらないレベルであることを報告しなければなりません。それは、関連する諸問題についてどれほど多くの研究がなされたかを考えると、驚くべきことです。私たちは皆、単なるレッテル貼りに過ぎない加熱したやりとり（「原理主義者《ファンダメンタリスト》」「急進主義者《ラディカル》」など）に慣れっこになり、うんざりしています。私たちはみな、「連座制」の戦術、すなわち、実際に扱っている問題は大変異なっていながらも、人々のさまざまな立場に共通する類似性に注目し、誰がどちらの側に付くかという振り分けをする泥沼にはまりこんでいます。片や短絡的に断言し(「聖書はこう言っている」)、片やそれに対抗して断言します(「あなたのテクストの読み方は単純すぎる。私たちは文脈の中でそれを読んでいる。するとすべてが違ってくる」)。これらは、真面目な議論の妨げになるだけです(これについては第7章を参照)。

同じような問題は、自分たちの聞きたくないことを聖書が言っているかに見えるとき、聖書を脇に押しやろうとする際に起こります。いわゆる保守派の場合には、それが密かに起こります。彼らは義認や「個人的救済」の教理――これらは実際には宗教改革、啓蒙主義、ロマン主義、また実存主義の入り混じった影響を受けて形作られたのですが――を強調し、特権化するために、パウロの救済論にある教会論的で、エキュメニカルで、礼典的で、エコロジカルな側面をあえて無視しようとするでしょう。いわゆる急進派の場合、大胆で挑発的なやり方でそれが起こるでしょう。彼らはよく、偶像破壊主義者たちの受けを狙って「パウロはこう言ったが、もちろん彼が間違っているのは周知の事実だ」という言い方を好んで口にします。

もし私たちが新たな知恵を探し求め、見いだすためには、これらすべてを名指しし、批判し、打ち捨てなければなりません。

最近の文献

このように述べてきたからと言って、聖書的権威の性質についての詳細な、実際にその分野の権威とも言える著作がなかったと言いたいのではありません。ここではそのような研究の詳細と対話することも、異なる視点を要約することすらもできませんが、私はさまざまな書物から大きな助けを得たこと（もっとも、時には意見を異にせざるを得ないこともありましたが）だけを本書に記したいと思います。本書のページをそれらの文献でいっぱいにする代わりに、付録として巻末に列挙しておきました。［邦訳がないため本訳書では省略。原書参照］

それらから分かることは、聖書が何であって、文化的、また知的に、注意深く、また誠実なやり方でどのように読むべきか、また教会の歩みにおいて、聖書が本来あるべき役割をどのように果たせるかという問題について、今日、活発で真摯な議論がされているということです。それらの著作は、古典的な近代主義者の「あれかこれか」という不毛な二項対立的論議と、ポストモダンが提供する悩ましい脱構築の両者をさまざまな仕方で拒否しています。それらは、これらすべての泥沼から抜け出て、創造的で知的な考察に至る新しい道を表わしています。

これから私が書こうとしているのは、現在生まれつつあるこの運動との暗黙の、そして願わくは相補的な対話です。本書を読んでさらに議論を続けたい人にとっては、ただあれやこれやの確立した視点からの反射的な反応ではなく、先端的で真面目な討論を行うための準備に本書がなればと願っています。

第1章　誰の権威によって？

プロローグではまず、歴史的キリスト教会における聖書の役割に目を向け、それから、それについての今日的理解がどのように現代文化の影響を受けているかを見ました。本章では、より大きな神の権威の一部としての「聖書の権威」を考えたいと思います。

「聖書の権威」とは、「聖書を通して行使される神の権威」のことである

ここで、本書の中心的主張に到達しました。すなわち、「聖書の権威」という表現は、「何らかの形で聖書を通して行使される三位一体の神の権威」である、ということです。このことを熟考したとき、他のいくつかの事柄が明らかになります。

権威は神から来ます。パウロはこのことを、この世の上に立つ権威に関して宣言し（ロマ13・1）、イエスもこれと非常によく似たことをヨハネ19章11節で言っています。マタイ28章18節

で、復活したイエスはさらに衝撃的なことを語ります。天と地におけるすべての権威は彼に与えられたというのです。この発言は、たとえばフィリピ書2章9-11節のような他の箇所でもこだましています。この種の描写は、旧約聖書（イザ40-55章等）と新約聖書（黙4-5章等）における他の多くの箇所を眺めるだけで確かめられます。ヨハネが、「初めに言《ことば》があった」と宣言したとき、彼はこの箇所を「言は書き記された」と締めくくったのではなく、「言は肉となった」と言いました［ヨハ1・1、14］。

ヘブライ書は、過去において聖書を通して神が語られたことについて生き生きと語りますが、いまやついに神はその御子において語られたと主張します（1・1-2）。これら自体が「聖書的」声明ですから、その意味するところは、聖書自体が（もしそれが実際権威を有するなら、権威をもって！）聖書自体から私たちの注意をそらさせ、最終的な真の権威は神ご自身に属するのであり、いまやそれはイエス・キリストに委譲された、という事実を示しています。ヨハネ8章39-40節によれば、イエス自身が神から聞いた真理として語っているのです。

このように、「聖書の権威」という耳慣れた表現は、一見して思えるよりもっと複雑なものであることが分かります。現在行われているいくつかの論争が、なぜそんなにも不毛なのかの理由は、この隠された複雑さにあるのかもしれません。

けれども、この種の問題は多くの学問分野に特有のもので、私たちはそれに対処できるように成長しなければなりません。スローガンや決まり文句は、より複雑な声明を縮めて表現するときによく使われる手段です。キリスト教神学でそのような表現は、「持ち運び可能な物語」のように振る舞います。つまりそれは、神とイエスと教会と世界についての長い物語を折りたたんで手軽なスーツケースに詰め込み、持ち運びしやすくしたものなのです。（この良い例が「贖罪《しょくざい》」です。この表現は聖書にほとんど登場しません。その代わり、「キリストが、聖書に書いてあるとおり私たちの罪のために死んだ」［一コリ15・3］とか、「神は、その独り子をお与えになったほどに、世を愛された」［ヨハ3・16］といった表現が見られます。しかし私たちが贖罪について議論しようとする際、これらの箇所を毎回繰り返すより、そのすべてを含むと見なされる一つの用語を使うほうが簡単です）。

言い換えれば、短縮表現はスーツケースと同じ意味で便利なものです。それらはたくさんの複雑な事柄をまとめて持ち運ぶことができるようにしてくれます。けれども、そうすることの主眼は、スーツケースの場合と同様、そこに詰め込んだものをもう一度広げて、新しい場所で使えるようにすることなのです。聖書の権威に関する議論のあまりに多くは、鍵のかかったスーツケースで互いに殴り合っているもののようになってしまいました。短縮された教理を広げて並べ、吟味するときが来ました。長年スーツケースに入れられていたいくつかの内容は、カビが生えているかもしれません。それらに新鮮な空気を通し、もしかしたら熱いアイロンを当てることが有益かもしれません。

したがって、「聖書の権威」という表現をスーツケースから出すとき、それがキリスト教的な意味を持つのは、その言葉を神ご自身が所有し、イエスがよみがえった主、また神の御子、インマヌエルなる方として持つ権威を、委譲され、仲介されたという意味での聖書の権威について語るときのみであることが分かるのです。それが何であれキリスト教的意味を持つためには、それは「聖書を通して行使される神の権威」を意味しなければならないのです。

すると疑問が湧いてきます。神やイエスの権威とはどういう意味でしょうか？ その中で、聖書はどのような役割を果たしているのでしょうか？ この描写の中で、聖霊はどのような位置にあるのでしょうか？ そして特に、この「権威」は実際に、どのように働くのでしょうか？ それは教会の指導者や役職者の「権威」と、どんな関係がある（もしあるならば）のでしょうか？

権威と物語

これらの疑問に答え始める前に、もう一つの複雑な問題を扱わなければなりません。聖書自体が、すべての権威はイエスと聖霊によって啓示された神にある、と宣言しているだけではありません。聖書自体が、全体としても、そのほとんどの部分においても、多くの現代人が「権威」という言葉を聞いて思い描くような種類のものではない、ということです。

まず、聖書は多種多様な文脈で多種多様な命令を含んでいますが、それ自体は規則のリストではありません。そしてもちろん聖書は多くの部分で、神とイエスと世界と私たち自身について、はっきりと偉大な真理を明らかにしていますが、それ自体は真の教理の一覧でもありません。そのほとんどの構成部分は、そしてそれが一つにまとめられた全体は（ユダヤ教の正典の形でもキリスト教のそれでも）物語（ストーリー）である、というのが最適な説明です。これは複雑で議論の多い主題ですが、これを無視して得るものは何もありません。

　そこで問題になるのは、物語が権威を持つとはどういうことなのか、ということです。部隊長が兵舎に入ってきて、「昔むかし……」と語り始めたら、兵士たちは当惑するでしょう。サイクリング・クラブの事務員が、自転車旅行の日程の代わりに短編小説を書いた紙を掲示したら、会員たちは何時に集まったらいいのか分かりません。一見して、私たちが「権威」と考えるものと、「物語」として知っているものとは、うまく結びつかないように思えます。

　けれども少し考えれば、より深いレベルで、それ以上のことがあると分かります。まず先の部隊長に必要なのは、兵士たちが従事しようとする平和維持活動の繊細な性質や内的ダイナミクスを理解できるように、過去数週間の情勢の概要をかいつまんで話すことかもしれません。そのナラティヴは兵士たちに最新情報を与えるでしょう。彼らの任務は、進行中である物語の次の章を演じることです。

　あるいは先のサイクリング・クラブの事務員の場合を考えてみましょう。彼女は、会員たちがもっと安全手順を意識するように促そうとしてうまく行かなかったので、別の方法を試してみることにしました。そして、ルールを無視して事故に遭ったサイクリストの悲劇的な物語を、注釈なしで掲示することにしました。部隊長と事務員という、どちらの例も、ある種の「権威」

が行使され、それはおそらく単なる命令のリストよりも効果的だったと理解できるでしょう。

他にも、物語が人々の考え方や行動を変える力を発揮する、つまり権力、あるいは権威を行使するやり方はあります（もちろん、権力と権威の関係は、また別のよく知られた難問ですが、私が言いたいことは明らかでしょう）。よく知られた物語の最後の部分にひねりが加わると、人々は衝撃を受け、彼ら自身や世界について違った考え方をするようになります。ペーソスやユーモア、ドラマを込めて語られた物語は、読み手や聞き手の想像力を開放し、彼らが同じような状況にいる場面を想像するように導き、神と人間についての新しい洞察を与え、人生をより賢明に秩序づけることができるようにします。

他にも多くの例を思いつくことができるでしょうが、聖書は、実際にこれらの例のように働き、権威を行使するのです。このことがはっきりと示しているのは、聖書がもともと意図された効果をもたらすために、教会は、それをあるがままに聞かなければならないのであり、何か別のものに変えようと切り刻んではならない、ということです。これについては、後ほどまた取り上げます。

抗議の言語としての「聖書の権威」

ここ数世紀で「聖書の権威」という表現がどのように機能し発展してきたかについて、もう一つの予備的な意見を述べます。私の印象では、この表現は抗議という状況の中で生まれてきたものです。教皇に反対するマルティン・ルターであれ、英国国教会に反対する自由教会運動であれ（19世紀のバプテスト教徒であったチャールズ・H・スポルジョンが、国教会に反対する理由を聖書に訴えて説明したことを想定しています）、あるいはさまざまな教派において「リベラル」とされる指導者に抵抗する「聖書的な」少数派であれ、同様です。

言い換えれば、この表現は、教会で何かが提案されたり行われたりしたとき、他の人々がそれに反対するときに使われるのです。「そんなことはしてはならない。なぜなら聖書はこう言っているから……」と。もちろん、聖書を教えたり、そこから説教したりといった、もっと肯定的な使われ方もあります。けれども、聖書の権威を主張する人々が（おそらく非聖書的と思われた教派を去って、自分たちの教派を立ち上げることで）自分たちだけでやっていこうとするとき、彼らはすぐさま、聖書をある仕方で読む人々と別の仕方で読む人々に分割してしまうことがよく見られます。

ここから分かることは、あまりに性急に聖書に訴えること自体、実際はうまくいかないということです。ですから私たちは、聖書をその著者たち自身が主張していたよりも大きなコンテクスト、すなわち神ご自身の権威の中に位置づけなければならないのです。

けれども、聖書自体は神の権威について何を言っているでしょうか？

神の「王国」における権威

私たちが「権威」という言葉を言ったり、聞いたりするときいつも心に浮かぶ考えと、唯一の真の神が世界に対して「権威」を行使するやり方について聖書が語っているものは、同じではありません。そのような事柄、そして、救いをもたらすイエス自身による支配について聖書自体がよく使う表現は、よりダイナミックな神の主権の概念、すなわち王国の範疇《はんちゅう》にあります。つまりそれは、最高裁判所の最終通告や、部隊長が与えるその日の指示や、サイクリング・クラブの壁に貼る規則のリストのようなもので成り立つ類いの「権威」ではありません。

このことは、福音書においてはっきり浮かび上がっていますが、イエスの「権威」は、癒やしの力、そして異なった種類の教えにおいて成り立っています。これらのすべてを福音書記者たち、そしてイエス自身も、この世界に侵入してくる神の王国の本質として理解していました。そして神の王国という概念自体も、私たちの文化において、とりわけ過去2、3世紀に使用された、まったく意味の異なるものではなく、旧約聖書（詩編、イザヤ書、ダニエル書等）とイエスの時代におけるイスラエルが置かれた状況、そして彼らが抱いていた望みにおいて理解しなければなりません。（このような世界とそれらの意味は、私も他の人々も詳しく調査しました。たとえば拙書 *Jesus and the Victory of God*『イエスと神の勝利』[SPCK, 1996] の第2部を参照）

聖書記者たちは、二つの信念の緊張関係の中で生きていました。ある意味で神は、世界に対してつねに主権を持っていました。しかし、別の意味でこの主権、救いをもたらす支配は、堕落と腐敗と死の世界、そして、それと密接に結びついた人間の反逆、偶像礼拝、罪の中に、新たに介入してくるべきものとして考えられていました。預言者は言います、「主はすべての地の王となられる。／その日には、主はただひとり／その名もただ一つとなる」（ゼカ14・9）。創造主なる神について語るとき、いかに逆説的に響こうと、ここでは明らかに、このような状態はまだ実現していないことが意味されています。

　ユダヤ人たちは、神の王国が彼らの世界に侵入してきて彼らを抑圧から自由にし、世界を正してくれることを待ち望んでいたのです。神と小羊がすべての力、栄光、栄誉などを受けることについて黙示録が語るとき、そのことで起こるのは、小羊の勝利を通して全被造世界が悪と罪から救い出され、本来意図されていた調和が回復されることです。神の権威をここで位置づけようとするならそれは、神がこの全被造物の刷新を達成する主権的な力を意味します。人間、特に教会に対して行使される個別の権威は、この、より大きな全体像の中で考えなければなりません。

　テルフォード・ワークが *Living and Active: Scripture in the Economy of Salvation*『生きて働く言葉：救済の経綸における聖書』（Eerdmans, 2002）で調べたのは、人間の救いにおける複雑な出来事の中での聖書の持つダイナミックな機能です。ここで私が述べているのは、彼の大変有益な主張をさらに前進させたものです。彼の言っていること自体は間違いではありません。けれども、聖書自体において、神の目的は、ただ単に人間を救うことではなく、全世界を刷新することなのです。それは、聖書の読者自身が、それぞれ独自な役割を演じるよう招かれている未完の物語です。

したがって「聖書の権威」とは、教会のミッション、聖霊の働き、究極の将来的希望とその現在における暗示、そしてもちろん教会の性質といった、他のいくつかの神学的主題に付随したものです。聖書の機能がどのようなものか論ずるときに、これらのすべての主題に注意を怠ってしまうのが問題なのです。ですから「聖書」という言葉を聞くと、人はすぐにルールブックを思い浮かべ、その人の好みにしたがって、疑わずにそれらすべてに従うべきだと考えたり、逆に、それらはいま、すべて破ってよいと考えてしまうのです。

それでも、先のワークの本で提起された問いは依然として正しいものです。神がその目的を達成する中で、聖書はどのような役割を演じるのでしょうか？ そこで聖書の役割を理解するうえで極めて重要なことは、単に何かについての正しい情報を提供するものでも、救いと新しい創造における神のわざについての正確な注解をほどこすものとしてでもなく、現在進行中のそれらの目的の中で果たしている積極的な役割を理解することです。

もし私たちが、充分にバランスの取れた「聖書の権威」という意味を見いだそうとするなら――そうするのは聖書的です――こうした枠組みにおいてでなければなりません。これらの初歩的な手続きを無視して、聖書における権威の問いを短絡的に扱うのは、当惑と二極化の状態に私たちを陥らせ続ける根本的な原因の一つです。聖書は、神が私たちの中で、また私たちを通して、みわざを行う手段として与えられているのです。そこに情報伝達が含まれてはいますが、それをはるかに超えたものなのです。

「啓示」を超えて

これらすべてが私たちに警告しているのは、聖書は単なる「情報伝達」という意味での「啓示」以上のものであり、「神のコミュニケーション」以上のものでさえあり、そしてもちろん、単なる「啓示の記録」以上のものだ、ということです。これらのカテゴリーは、おもにより古い時代から受け継がれた枠組みから今日にもたらされたものです。そこで問題となるのは、ほとんどいつも留守にしている神が、この世界に自分自身やその目的についてのメッセージを送ろうと決めたことに関することです。これは、超越してはいるけれども臨在しておられる神が、その被造物の豊かでダイナミックな命を祝い、その恥と痛みについて悲しむというイメージを覆《おお》い隠してしまいました。

もちろん、それよりもっと古い「啓示」に関する概念があります。それによると、神はご自身が造られた世界に対し、また世界において、特にその民であるイスラエルに対して、そして彼らにおいて、つねにご自身を啓示し続けておられるという姿です。これは私が考えている、より豊かなイメージとずっとよく調和します。けれども啓蒙主義以後の多くの思想において、こうした考えは、宗教的・神学的・倫理的真理の情報を伝達する神という、矮小化された考えに道を譲ってしまいました。それは今度は、特に実存主義の運動で人気を博した、もう一つの仮説を生み出しました。つまり聖書は、どこか他の場所の、おそらく神の民の歩みにおける出来事、あるいは彼らの個人的な宗教体験の中で生じた啓示の「記録」にすぎない、というものです。

そしてここから、永遠の真理の便利な収納場所、「真理の情報」を伝える手段として聖書を考えるか、あるいは自分でより好みできるリソースとみなすという二項対立的な誤った考え方が出てきました。後者の考え方では、聖書自体は、それが語っている現実から一歩離れたところにあり、そのある部分は、時々よそから持ち込まれた骨子と目的とエネルギーを持つ方策に役立つ限り用いられますが、それらの目的に役立たないと見れば、少なくとも部分的に、聖書はなくても済ませられるとみなされています。

キリスト教的に不足のない聖書観は、神の自己啓示を含みますが、さらにそれをより大きなコンテクストに位置づけることで、それは一変します。自己を啓示される神が不在地主ではなく世界を愛しさばかれる方であるというまさにその理由によって、その自己啓示はいつでも神の世界に対するミッション、イエスと聖霊を通して解き放たれ、全被造物のいやしと刷新を目的とした、救いをもたらす神の主権というカテゴリーの中で理解しなければならないのです。

ディヴォーションのマニュアル以上のもの

もし、聖書が単なる「啓示」でないのであれば、それは単なるディヴォーションの助け（たとえおもな助けであるにしても）でもありません。もちろん私の属する伝統も含め、それは多くの伝統においてそのような役割を果たしています。実際、日々の神との交わりで、聖書を中心としないことなど私は想像することもできません。個人的な祈り、賛美、黙想その他の生きるための燃料、また原料として聖書を用いるさまざまな多くの伝統があります。

修道院におけるレクツィオ・ディヴィナ、福音派の「静思の時」、そして近年人気を増している「イグナチオ」式の黙想は、すべてその例です。聖書日課を用いる共同体では、一つ、あるいは決められた聖書箇所を読み終えて、祈りつつ思いを巡らす沈黙の時が持たれることが多いものです。このように聖書を用いることは、健全なキリスト者生活のために極めて重要なものであると、私は固く信じています。

しかしこれらすべては、「聖書の権威」が意味するものを考える際に主要なものではありません。ここで混乱が起こるかもしれません。今日のプロテスタントにおいて、「神は聖書を通してのみ語られる」と新たに強調しているグループでは特にそうです。思うにそのような反応は、特に個人的な導きに関して起こります。聖書に由来しない考え、少なくとも聖書の裏付けのない衝動を信じたり、それに従ってはいけない、という警告がなされるのです。

しかし、ディヴォーションと権威を混同するのは間違いです。祈りにおいては特に、それが聖書に基づいているとき、あらゆることが起こります。聖書の箇所と個人の人生や環境との間に、まるで火花が飛ぶように、さまざまな結びつきが作られます。それらは深い説得力を持つこともあります。けれどもこのプロセス自体は、聖書が教会において権威を持つ要素として必要なものでも充分なものでもありません。残念なことに、祈りに満ちた解釈の火花であっても、私たちを道に迷わせることがあります。自己欺瞞は強力なので、危険である可能性がつねにあります（ウィトゲンシュタインが言ったように、「自分を欺かないことほど難しいことはない」のです）。

聖書の一節を通して「神が語られるのを聞き」、それに従って行動した個人や教会は、分裂する傾向が明らかに多いものです。同じように、聖書自体とキリスト教的（そして他の種類の）経験からはっきりと証しされるのは、神は多くの異なる方法で語られることです。そこには被造物自体を通して（詩19編、ロマ1・20、10・18）、そして究極的には生ける言葉、すなわち人となった言葉（ヨハ1・14、ヘブ1・1−2）を通してなされることが含まれます。

神はたしかに聖書を通して語られます。けれども神の語りかけを聖書だけに限定することはできませんし、その「語りかけ」そのものも（最近の多くの著作が強調しているように）「言語行為」、すなわちあることを話すこと、特に特定の種類のこと（「約束します」「被告人に無罪を宣告する」等）を話すという事実によってなされる行為から考察すべきであることも無視できません。

そして、神が語るという概念をどのように考えるにせよ、それを権威の概念と混同してはなりません。権威とは、特にそれを神の王国という概念の中に位置づけるときには、それよりはるかに多くのことを意味します。それは、被造物全体を覆《おお》い尽くし、さばき、癒やす神の主権的な支配のことです。それは、イエス・キリストにおいて罪を滅ぼし、新しい創造を開始する、神の力強い愛のことです。それは、新鮮ですがすがしい、活力を与える聖霊の風です。

特に、これから議論を進めるに当たって、教会と個人の信仰生活における聖書の役割は、中心となる重要な三つのことを示唆します。はじめに言えることは、キリスト者が礼拝する神は、語りかける神として、ご自身が創造した人間と、特に言葉を通してコミュニケーションをとる神として特徴づけられることです。このことが、旧新約聖書の神と、書かれた当時の神々、そして、今日も知られる他の神々とを区別します。つまり、神の声を聞き、神を知るためにある書物を読むことは、突飛な行為ではなく、神ご自身の性質にかなっている、ということです。

第二に、初期キリスト教の教えにおいて、私たちが心を新たにすることで変えられるのは、中心的なことでした（ロマ12・1–2）。言い換えれば、特に重要なことは、変革する力をもった神の恵みは、私たちが新しい仕方で考えられるようになることを通して与えられるのです。ここでもまた、これが意味するのは、神の知恵によって人生を新たに秩序づけるために書物を読むという考えは、直感に反したものではなく、キリスト教の聖性そのものの性質と結びついています。

第三に、私たちが礼拝する神の力、イエスの復活を通して目に見える形で行使された神の力は、この世界において福音のために働こうとするすべての人に提供されている、ということです（エフェ1・15－23）。ミッションの任を果たすための力を受けようとして書物を読むことは、本筋から離れた考えではありません。それは、私たち人間は神のかたちに造られたという事実から流れ出るものであり、それゆえ、神の言葉を聞いてその召しに従うときに、創造主の姿を世界に反映させるという自分たちの召命を、私たちは生き抜くことができるのです。

第2章　イスラエルと神の王国の民

前章の議論を文脈において理解するために、ここで立ち止まって、神の王国とは何を意味するかを考え、その中で聖書が果たしている役割を考えなければなりません。

悪に対する神の勝利を認める

神の「王国」や「王権」に対する問いは、旧約聖書やその後のユダヤ教で、善い被造物の中に、また契約の民自身の中に、根源的悪が存在することによって提起されてきました。物事が現状のままであるなら、神はどのようにして王であることが可能なのでしょうか? したがって、神の現在と未来の王国を認めるとは、神がこの問題に対処し、つまり民を救い、被造物全体に対する神の目的を完成させるために行動していることを認める、という意味です。

これら二つの目的（民を救うことと被造物を完成させること）は、創世記からヨハネの黙示録にいたる多数の箇所に見られるように、密接に結びついています。神の民となり、神の支配下で生きよとのイスラエルに対する神の呼びかけは、それ自体が、世界を正しい状態にするための中心的な動きとして設計されたものでした。しかし（罪深い人間で構成されている）イスラエルは、それ自体が問題の一部でした。それは、バビロン捕囚とエデンからの追放の並行関係が証ししているように、第一の問題を反映した二次的な問題を生み出しました。

どちらの場合も（一般的には人類、特殊的にはイスラエル）、中心的な悪であるとされているのは、偶像崇拝、すなわち創造主である神以外のものを崇拝することです。イスラエルの外でも内でも、偶像崇拝は真の人間にふさわしくない、あらゆる種類の生き方を生み出します。つまりこれは、旧約聖書とユダヤ教の思想、祈り、著作の多くを決定づける二重の問いを生みます。つまり、どのようにイスラエルが救われ、どのように全世界が正しい状態に戻されるのか、です。

悪の問題がなければ、神の王国や権威について話したり、祈ったり、それらを求めたりする必要はありません。したがって、神の王国について語ることは、神を呼び求めること、すなわち世界とイスラエルと人間の悪を適切に扱う権利、義務、力を持ち、それによって世界、イスラエル、人間を作り直す主権者の神を呼び求めることです。新たな創造を目指した、この新鮮で、恵み深く、人に赦しをもたらすその目的は、契約の更新を通して実行に移されます。そこで、私たちの問いかけは、次のように明確化できます。この神の目的の中での聖書の役割とは何であり、また何だったのか？　もしこれが「神の権威」が意味するものだとしたら、権威ある聖書は、その中でどのような役割を果たしているのか？

　聖書の各書に見られるジャンルや強調点の顕著な違いを充分に考慮するなら、次のように考えられます。イスラエルの聖典は、真の神が誰であって、神の王国の目的がどのように進められているかを、イスラエルが繰り返し発見する場であり、そのための手段でした。聖書朗読は、特に神がその王国を啓示するわざについて再話し、賛美と希望を呼び起こす点で礼拝の中心でした。聖書は、神の民の経験や宗教意識、社会的・文化的混乱などをすべて反映していますが、それ以上のものなのです。

　聖書で繰り返し、繰り返し明らかにされてきたポイントは、非常にあいまいな「経験」のさなかにいることの多いイスラエルに対し、聖書が新鮮で、預言的な言葉で呼びかけて、彼らが生きている混乱と過ちの世界に侵入することでした。そして、実際、神ご自身が世界に、そしてイスラエルの生活に、さばきと憐れみをもって、言語的な形で侵入してわざを行ったということです。このことを最もはっきりと見ることができるのは預言書ですが（特に預言者の召命や神の言葉との格闘が際立つ自伝的文章を通して）、イスラエルの生活での聖書の役割についての詳しい説明が、世界のために神が選んだイスラエルという機能によって明らかになります。聖書を通して、神はご自分の民をご自分の目的に仕えるために備えさせたのです。

「備えさせる」は、実際、聖書が達成した多角的な働きを表す略語としてやや不適当です。神は聖書を通してイスラエルの国民生活に秩序、組織化された礼拝、日常生活における行動のための知恵、さらには預言者たちによる叱責と約束を与え、そしてとりわけ歌を、賛美、嘆き、崇拝、困惑、絶望、希望、そして献身におけるあらゆる情感を表し、またあらゆる瞬間での神の臨在に導く歌を与えました。そしてここに列挙した特徴は、最も明白なものだけにすぎません。

霊感と「YHWHの言葉」

ここで「霊感(インスピレーション)」という概念が出てきます。「霊感」とは、多種多様な著者や編集者を神がご自身の霊によって導き、彼らの生み出す書物は、神の民の所有する書物として神が意図したという信念を一言で表現したものです。これは本書の主題ではありませんが、古代イスラエルの聖典の大多数において、そして初期キリスト教の信仰においても、何らかの種類の神による霊感というものが、当然の前提であったことに留意しなければなりません。

聖書の「正典」の出現は、最近の議論では論争の的になっている部分もありますが、その中心にあるのは、これらの書物が神の民の生活を形作るものとなった方法を跡づけ、神が何らかの形でそれらをご自身の民に与えたという事実を尊重し、それらを尊び、適切な注意を払うようイスラエルに思い起こさせようとする試みでした。それらすべての中に、またそれらを通して、神の「言葉」という、とらえがたい、しかも力強い考えが見いだされます。それは、書かれた聖書の単なる代名詞ではなく、創造し、さばき、癒やし、再創造を行う、不思議な人格的臨在です。

「天は主（ＹＨＷＨ）の言葉によって／天の万象は主の口の息によって造られた」「このように、私の言葉は火のようではないか。――主の仰せ。／また、岩を打ち砕く槌《つち》のようではないか」「草は枯れ、花はしぼむ。／しかし、私たちの神の言葉はとこしえに立つ」「雨や雪は、天から降れば天に戻ることなく／（中略）／そのように、私の口から出る私の言葉も／空しく私のもとに戻ることはない。／必ず、私の望むことをなし／私が託したことを成し遂げる」「その言葉はあなたのすぐ近くにあり、あなたの口に、あなたの心にあるので、あなたはそれを行うことができる」（詩33・6、エレ23・29、イザ40・8、イザ55・10－11、申30・14）

　このような旧約聖書の中のＹＨＷＨの「言葉」に関する見方は、非常に有益です。まるで「ＹＨＷＨの言葉」は、創造的な神の知恵と力に満ちた巨大な貯水池のようです。預言者や他の著者たちは、神の召しと恵みによってそれを利用し、神の民に大水を与えたり、灌漑したりする神のわざを行い、その言葉が彼らを通して流れるようにしたのです。別の言い方をすれば、創造主である神は、ご自身が創造した世界から完全に超越し、それと異なる存在でありながら、その世界の中に存在し、活動しています。そのための多くの方法の一つは、生きて働く神の言葉を通した活動です。

　これは一方で、神ご自身の性質を反映しています。神が語るということは、自然な当たり前のことであって、理神論という何もないスクリーンの上に擬人化して投影したものではありません！　これは他方で、神のかたちに造られた人間が神の世界の中でできる最も強力なことの一つは話すことだ、という事実を反映しています。言葉は、約束、命令、謝罪、警告、愛や悪への容赦ない反対などの宣告を通して、物事を変えます。

すでに言及した「言語行為」という概念は、哲学の中でかなり新しいものですが、これは古代イスラエルの預言者たちにとって驚きではないでしょう。ウォルター・ブルッゲマンは、*Theology of the Old Testament*『旧約聖書の神学』（Eerdmans, 1997,146）の中で、詩編33編6節を解説して次のように述べています。「このイメージは、王座から布告を発し、命令を下す強力な君主のものであり、その発話そのものにおいて物事はなされるのである」。

イスラエル――聖書を聴く人々

イスラエルはこのように、ある見方からすれば、神の言葉を聞いた民として、つまり、その呼びかけ、約束、解放、導き、さばき、赦し、さらなるさばき、新たな解放、そして新たな約束を聞いた民として構成されました。（この一連の流れは、アブラハムから「捕囚後」の時代までの旧約聖書のナラティヴ全体の要約として意図されています）。聖書を単なる過去の、そして、おそらくより重要な「宗教体験」を書き記しただけという意味での「啓示の記録」とみなす概念への還元に、私が反対する意味はここにあります。

こうした還元によって、旧約聖書の著者や編集者、あるいは聞き手にとって、まったく異質なカテゴリーを重ねることになります。私たちは自分たちの枠組みを、彼らの枠組みと経験の上に押しつけることで、「YHWHはこう言われる」を「エレミヤはこう言っている」に還元してしまうことが避けられません。私たちはあまりにも長いあいだフォイエルバッハのような哲学者に、つまり人間とその経験の話にすべて還元したがった人たちに支配されてきたのです。

同様に、聖書が書かれたのは、単に情報を伝達し、過去の宗教的体験を人々に思い起こさせるためだけのものでは決してありませんでした。聖書の記者たちがイスラエルの物語を語るときでさえ、それは単に、過去の事実自体のためだけに提供しようとしたのではありません。そこで物語が語られるのは、世界におけるYHWHの目的のために召された民であるイスラエルの自覚をもう一度生み出すためでした。その結果、この物語を書いたり、語ったりすることによって、YHWHの召命と約束が、さらに生きた形で具現化されていくのです。

それは、神の民の生活を形作り、導くために書かれました。旧約聖書の内的緊張と困惑は（たとえば、申命記とヨブ記の間で衝突しているように見えるもの。前者は、美徳がこの地上の人生で報われることを示唆し、後者はそれに激しく反対しています）、この務めがどのように多面的であるか、そしてイスラエルは世界のための神の癒やしの約束の担い手であると同時に、彼ら自身も世界に属していて、同じさばきと癒やしの必要を抱えた人々であるという認識が、どれほど複雑であるかを反映しています。

率直に言って私たちの使う「権威」という言葉は、これらすべてを正しく説明するには、あまりにも狭い範囲に焦点を当てすぎています。聖書がイスラエルの中で果たした役割を要約しようとするなら、「イスラエルにおいて、イスラエルを通して、イスラエルに対して、そしてイスラエルのために、神の話し言葉と書き言葉によって行われる神の主権的な活動」について述べなくてはなりません。もっと簡単に言えば、「聖書を通して働く神の主権」です。「神が語られ、ことが行われた」のです。イザヤ書40章8節と55章11節にあるように、言葉そのものが力と新しい命を帯びていたのです。

第二神殿期ユダヤ教における聖書

第二神殿期（大まかに言って紀元前の最後の4世紀間）では、少なくとも二つの連動した方法で聖書の「権威」が機能していたことが分かります。

1　聖書の「権威」は、イスラエルが、彼らを通して、そして彼らのために神の正義が世界にもたらされることになるような契約の民としてのアイデンティティと運命を見いだそうと、その中で奮闘する支配的な物語を形成していました。古代世界では異なるグループがイスラエルの物語を異なった形で語ったことで、この支配的な物語自体が論争の的となりました。この問題はある著作家たちが指摘して以来、いまもずっと引き継がれています。それは、無秩序に広がるかのような、聖書のもろもろのやっかいなナラティヴを、首尾一貫した一つのストーリーラインにまとめる難しさです。だからといって、ユダヤ教の聖書の中に、包括的なナラティヴの大まかなアウトラインを見つけられないわけではありません。明らかに問題をはらんでいたとはいえ、まさにイエスの時代のユダヤ教の中で、そのような聖書の機能は妨げられることはなかったのです。

2

聖書の「権威」は、イスラエルが神の召しに適切に応答するための、その置かれた場における従順への呼びかけを形成しました（それはたとえば、初期のラビによるトーラーの講解や、クムランで発見されたいくつかの文書にある初期の法的裁定での解釈に見られます）。そのようにしてイスラエルは、その支配的なナラティヴの下で、日常生活の指針である聖書の「下」で生きました。そのことで、神が全世界のために望んだ真の人間存在の模範を示すことになるのです。つまり神殿で、初期のシナゴーグで、クムランの共同体で、毎日、毎週、また大きな祭りや厳粛な断食日で読まれ、学ばれ、教えられ、祈られ、歌われることによって、聖書は神の王国の到来を待ち望むイスラエルの人々を形成する重要な要素となりました。イエスの時代の多種多様なタイプのユダヤ教は、聖書を理解し、その下で生きること、すなわち、彼らの生きる物語にふさわしい結末を神がもたらしてくれるように働き、祈り、待ち望むための異なるあり方という観点から描くことができます。

第3章　聖書とイエス

「しかし、時が満ちると、神は、その御子を（中略）お遣わしになりました」（ガラ4・4）。イエスを歴史的文脈の中で理解するとは、聖書そのものによれば、イエスがどこに属しているかを理解する、ということです。

イエスは聖書が指し示したことを実現する

歴史的根拠に基づくイエスの宣教、達成、死、復活が示唆することは、イエスの働きの中心に、聖書の物語をクライマックスに持ってゆき、それによって神の王国が実現するための従順を神にささげる、という感覚があったことです。彼自身が宣言したように、「時は満ち、神の国は近づいた」のです〔マコ1・15を参照〕。もちろん、イエス自身についても、そしてその中の彼とイスラエルの聖典の関係についても、語るべきことは多くあります。このことについては他の場所で長々と書きましたが（たとえば、*Jesus and the Victory of God*『イエスと神の勝利』SPCK, 1996.『イエスの挑戦』の邦訳を参照。原書IVP, 1999）、本章の目的のためには、そこから重要なポイントだけをいくつか短く抽出すれば足ります。

イエスが文盲かそれに近い人物で、イスラエルの聖典についての知識や関心をほとんど持っていなかったと示唆する、ここ十年ばかりの人々（特に「イエス・セミナー」の一部のメンバー）に、私は正当な歴史的理由から同意できません。これは、ほとんど何の根拠もなくイエスを発明することであり、彼らの持ち出すわずかな証拠も非ユダヤ的なものです。その代わり、私がすでに述べた書物で主張してきたことは、イエスの目的と動機に関する現代の学問の多くに沿っています。つまりイエスは、自分自身がイスラエルの聖典の中にさまざまな方法で記され、それを通して神の長期的目的が最終的に実を結ぶための任務に召された、と信じていたのです。

前に触れたテルフォード・ワークが言うように、「実際、ユダヤ教の聖書に関わる実践は、人間イエスにとって本質的なもの」（前掲書12頁）なのです。これが実際に意味することは、イエスの中で、そしてイエスを通して、悪は挑戦を受け、さばかれ、赦しと再生がもたらされる、というものです。契約は更新され、新しい創造が始まります。旧約聖書の聖句を通して神がなされた働きは、イエスの公生涯、死と復活、そして聖霊の派遣によってなされるのです。

イエスはこのようにして、ある意味で聖書が行おうとしていたこと、すなわち神の新しい王国の秩序を神の民に、そして世界にもたらすことをクライマックスとして、決定的に実行します。彼はその意味で（他の意味もありますが）受肉した言葉なのです。彼が誰であったか、またあるのか、そして何を成し遂げたかは、聖書が語ったことに照らして理解されなければなりません。イエス自身、聖書によって形づくられ、神の王国を生み出す「まことのイスラエル」だったのです。

イエスが、聖書は成就しなければならないと語ったときに（たとえばマコ14・49）想定していたのは、昔の断片的な預言の言葉に対応して、いくつかの行為を散発的に、またランダムに行うことではありませんでした。彼が思い描いていたのは、聖書全体のストーリーラインがついに実を結ぶということであり、暗示と影でしか分からなかった世界の全体が、いまや明るい光の中ではっきりと語られることだったのです。これこそが、マタイによる福音書5章17–18節でイエスが、「律法を廃止するのではなく完成するために来た」と主張したような言葉の深い意味だと思われます。

それよりさらに深い意味は、初期の教会がすぐに認めたように、イエスはイスラエルの神の生きた体現者であり、そもそもその神が、ご自分の神の霊によって聖書に霊感を与えたのだ、というものでした。そして、イエスがご自分の使命とアイデンティティを聖書の観点から理解していたことで、初期の教会はすぐに、その方程式を逆にすることも学びました。すなわち教会は旧約聖書を、その物語（契約、約束、警告などを含む）と命令の両方をイエスの中に発見する、という観点から読んだのです。

このことはルカによる福音書24章で綱領的に明らかにされています。エマオへの途上にあった二人の弟子が「モーセとすべての預言者と聖書全体」からの長い説明を受け、そして復活したイエスが彼らの心を開き、聖書がそれまで何を意味していたのかを悟らせるためにその心を開いたのです（ルカ24・27、44-45）。しかしそれと同じことは、暗黙的であろうと明示的であろうと、福音書の物語のいたるところで明らかにされています。

イエスは聖書の権威を主張する

聖書の権威を主張する多くの伝統的な議論のバックボーンとなっているのは、イエス自身が聖書を権威あるものとみなし、反対派はその権威を認めていないと批判したことを強調するような、イエスの具体的な言葉です。このことをはっきり示す箇所としては、サドカイ人たちは聖書も神の力も知らないので間違っているという、イエスの見事な反論（マタ22・29と並行箇所）や、律法学者とファリサイ派が彼らの伝統によって神の言葉を無効にしているというイエスの攻撃があります（マタ15・6-9では同様の目的でイザヤ書を引用）。また、詩編82編が古代イスラエル人を「神々」と呼ぶならば、なぜ神がこの世に遣わされた者を「神の子」と呼ばないのかという、より分かりにくい議論がありますが、それを裏付けるためにイエスは、「聖書が廃《すた》れることがない」ことを思い起こさせています（ヨハ10・35）。

これらはすべて、いささかアドホックになされた発言です（つまりイエスは、聖書の権威を彼の教えの主要なテーマにしたとは言われていません）。それにもかかわらず、それらは重要なものであり、先入観と同様に、それが暗黙のうちに疑問視されたときにのみ白日の下にさらされるような、基本的態度を明らかにしているのです。

この姿勢は、聖書を長らく待ち望まれたクライマックスに導こうとするイエスの意識に関する先ほどの主張と見事に一致しています。実際、聖書の権威についてのこれらの具体的な言葉は、そのような文脈の中でのみ、本当に機能するのです。それがなければ、私たちは困惑し続けることになります。イエスは、人間の伝統よりも聖書を優先すべきだと主張しているまさにその箇所で、どうしてすべての食物をきよいと宣言することができるのでしょうか？（マコ7・1–23。19節のマルコ自身の注釈がこの点を強調しています）。もし彼が殺人、窃盗、姦淫の行為だけでなく、それらの行為に対する動機を抱くことも神は禁じておられると主張するならば、安息日に対する彼の一見無頓着な態度をどうやって正当化できるのでしょうか？　父と母を敬えという命令が成就されなければならないとすれば、イエスはなぜ、彼に従う者たちのために自分の母や兄弟を無視したばかりでなく（マコ3・31–35）、自分の父や母だけでなく、ほとんどすべての人を憎むことも覚悟しなければならないと弟子たちに警告したのでしょうか？（ルカ14・26）。イスラエルが高められ、国々がそこに集まってくることを聖書が指し示しているとしたら、なぜイエスは、人々が神の王国でアブラハムと一緒に食卓に着くために東と西から来るとき、「御国の子ら」は追い出されると言われたのでしょうか？（マタ8・11－12）。

「聖句」を認めるか認めないかという単純な白黒図式でしか見ていない通常の議論では、ここでいったい何が起こっているのかを理解するのは困難です。しかし、イエスをより大きな聖書の物語の文脈の中に置き、新しい契約が具体的に何を意味するのか、それが古い契約をどのように成就し、どのように変容させるかというイエスの意図をつかむことができたなら（それは本書の範囲を超えた課題ですが）、より豊かでナラティヴ的な「成就」の意味が明らかになります。それは、初代教会に見いだされるような、繊細で力強い聖書観を生み出すのです。

第4章　使徒時代の教会における「神の言葉」

初期の教会で「言葉」は、旧約聖書の約束の成就と、現在における生き方を変える聖霊の力と権威を受け入れるようにとの呼びかけの両方を提供するものでした。

「言葉」の使徒的説教――旧約聖書の物語を成就するイエスの物語

最初期の使徒的な説教は、標準的なユダヤ人のメッセージの最後にイエスを付け加えたものでも、ユダヤ教のルーツから切り離された新しい宗教の独立を告知するものでもありませんでした。むしろそれは、旧約聖書の契約ナラティヴの成就として理解されたイエスの物語であり、それゆえエウアンゲリオン、すなわち良い知らせ、または「福音」として理解されました。それは教会を生み出し、そのミッションと生活を形作る創造的な力でした。他の物語ではなく（たとえば人間による帝国の物語や個人の霊的な自己発見の物語）、この聖書の物語こそが、イエスの成し遂げたことが意味をなす解釈の土台を提供したのです。

旧約聖書の複雑で多様なジャンルとテーマは、イスラエルの生活と思想を形成しました。善と悪、イスラエルと国々、帝国とそれへの抵抗、そして何よりも創造主であり契約の神である方の主権、正義、救いの目的といった問題を、実践的にも理論的にも提起していました。イエスの死と復活においてクライマックスを迎えるイエスの神の王国運動は、聖書的な形で提起されたこれらの問題に対し、神から与えられた答えを提供したのです。

パウロは、彼より前に広く使われていたキリスト教のメッセージの要約を引用し、「キリストが、聖書に書いてあるとおり私たちの罪のために死んだ……また、聖書に書いてあるとおり三日目に復活した」（一コリ15・3－4）と語りました。そのときパウロは、自分と友人たちの主張を裏付ける証拠聖句を一つか二つ見つけることができた、と言いたいのではありません。むしろこれらの出来事が、イスラエルの聖典の、長く曲がりくねったナラティヴのクライマックスとしてやってきた、と言おうとしているのです。

初期の教会における「旧約聖書の権威」とは、要するに、神がイエス・キリストにおいてなしたことは、ある特定の物語の中の特定の登場人物、特定の風景画の中にある特定の人物像として見る必要がある、ということを意味していました。その物語、あるいは風景画のすべての要素は、この中心人物が誰であり、彼が何を成し遂げたのかに関する重要な側面に私たちの注意を向けさせるのです。

私たちがたどることのできる最も古いキリスト教の口頭伝承や、私たちが再構築することのできる最も古い説教は、パウロが「言葉」、「真理の言葉」、あるいは単に「福音」と呼んだものを体現したものです（たとえば、コロ1・5、一テサ2・13）。このように、「新約聖書」が存在する以前に、初期キリスト教ではすでに、「神の言葉」が教会のミッションと生活の中心にあるという明確な理解があったのです。使徒たちが余計な事務的業務を拒否したとき、彼らが専念したのはこのことでした（使6・1-4）。

この「言葉」を要約することは難しくありません。それは、神とイスラエルの物語のクライマックスとして語られたイエスの物語（特に彼の死と復活）であり、それ自体世界の真実の物語として、また教会の宣教の土台、また活力を与える力として提供されたのです。

まさにこのような形で理解された（かなり複雑であるのは認めますが）、まさにこのような物語こそ、四つの正典「福音書」に見られるものであり、さらに言えば、それらの背後にあると考えられる、少なくともいくつかの資料の中に見られるものなのです。この最後の点は、現在の学界で議論の余地がありますが、私は擁護できると信じています。

人生を変える「言葉」の力――新しい教会の召命と形成

パウロは、使徒たち全員が発見したことを表現しています。それはイエスにおいて、いまやクライマックスを迎えたものとしてこの古い物語を語り直すことは、力（知性と心、そして人生を変える力）を持っている、ということです。「福音は……救いをもたらす神の力です」（ロマ1・16。一テサ1・5、2・13と比較）。カエサルの使者たちが、「新しい種類の帝国を体験したいなら、新しい皇帝に忠誠を誓ってみるのもいいかもしれない」と言わなかったように、この「言葉」も、選択の余地があるものとして「提供」されたのではありません。この言葉は、主権者からの召喚として発せられ、新たな状況、新たな可能性、人生を変える新たな力をもたらしたのです。

使徒と伝道者たちは、このようにして解き放たれた力は神ご自身の力であり、新しく注がれたばかりの聖霊を通して働き、新しい契約の民、世界のために回復されたイスラエルを生み出すものだと信じていました。「言葉」は、神の王国とその影響に関する情報であるだけではありませんでした（それは重要ですが）。それは、イエスにあって成し遂げられた神の王国が、世界において前進していく方法でした（使徒言行録では、このような形で頻繁に言及されています。たとえば6・7）。神の王国とはつねに、創造主である神が主権的に行動して世界を正し、悪をさばき、赦しと新しい命をもたらすことであるのを私たちは思い起こします。これこそ、信仰と従順の中で、それを聞いた人々の中で、「言葉」が成し遂げたことでした。

ここに、聖書の権威についての完全にキリスト教的な神学のルーツがあります。それは、宣教共同体の土壌にしっかりと植えられ、世界の権力者たちに神の王国の知らせをもって対峙《じ》し、聖霊によってリフレッシュされ、活性化され、特に使徒たちの説教と教えによって成長し、宇宙全体を正しい状態にするための神のプロジェクトの始まりとして、人々の生活の変革を通して実を結ぶものなのです。

神はこれらのことを「言葉」によって成し遂げてくださると、初期の教会は信じていました。この「言葉」によって、イスラエルの物語がいまや、イエスによってクライマックスを迎えたのであり、イスラエルに対する神の召しはいまや、刷新された神の民への召しへと変えられたのです。そして、現在の形の新約聖書の文書で表現されているのは、初期の著作者たちの働きによってもたらされた、この「言葉」だったのです。

このように教会は最初期から、まさに変革された神の民として、神の召命と約束によって創造され、福音の「言葉」を完全に聞くために召された共同体として特徴づけられていました。最初期の教会は、この強力で、効果的で、（その意味でも他の多くの意味でも）「権威ある」神の言葉によって存在させられ、支えられた民として主として構成されていました。それは旧約聖書に記されており、イエスにおいて具現化され、世界に告知され、教会で教えられたものでした。

これは教会のミッションの中心であり（イスラエルの物語が成就したので、世界はそれを聞かなければなりません）、共同の生活の中心であり（使2・42における最初の「教会のしるし」は「使徒たちの教えです」）、新しいアイデンティティの特徴である、まことのイスラエルと新たな人間性の次元の両方を表現する聖性（「神のかたちにしたがって刷新された」）への召しの中心となるものです。初期の教会の主要な論争のいくつかは、まさにこの聖性が、実際に何を意味するかについてのものでした。

聖霊の権威の器である「言葉」——教会に活力を与え、形成し、導くもの

少なくとも使徒の一人（パウロ）と、その同僚や直系の後継者の何人かは、より広い規模でこの働きを続けることを意図して執筆しました。書簡や福音書記者の執筆意図に関する最近の研究は、新約聖書の著者たちが、聖霊の導きと力によって教会を支え、活気づけ、形成し、さばき、刷新するために書物や手紙を書き、「権威ある」教師としての召命を実行するという召しを、自覚的に信じていたことを強調しています。

使徒たちの文書は、いまや彼らが書き留めた「言葉」のように、単に神の王国が全世界に到来することについてのものではありませんでした。それらは、それが起こるための手段として欠かせないものであり、それによってそれを体験した人々自身が、キリストの似姿に変えられるように意図されていたのです。

これらの書物を読んだ人々が非常に早い時期から気づいていたことは、その書物自体が、最初になされた「言葉」の説教を特徴づけたのと同じ力、つまり働く権威を持っている、ということです。新約聖書の記者たちは、「自分たちが『聖書』を書いているとは思っていなかった」と、かつて言われていました。その見解は今日、歴史学的に維持するのは困難です。

彼らの著作がさまざまな意味で「偶因的」なものであった事実は（パウロの書簡は緊急事態に

対処して書かれたという指摘が最も顕著な例）、重要な点ではありません。パウロが最も意識しているのは、緊急の必要性があるときにこそ（たとえばガラテヤ書や第二コリント書を書いたとき）、イエス・キリストから受けた使徒的召命によって、また聖霊の力によって、言葉によって、教会に命と秩序をもたらす権威を与えられた者として書いていることです。驚異的にシンプルな言葉、「初めに言があった……言は肉となった」で始め、次のように読者に告げて締めくくられる書の著者であれば、なおさらのことです、「これらのことが書かれたのは、あなたがたが、イエスは神の子メシアであると信じるためであり、また、信じて、イエスの名によって命を得るためである」（ヨハ1・1、14、20・31）。

これはもちろん新約聖書の著者たちが、自分たちの書物が集められ、現在私たちが知っている正典を形成する時代が来ることを具体的に想定していたということではありません。そのような考えが彼らの頭をよぎったのは、非常に疑わしいと思います。けれども、彼らがイエスに倣い、聖霊に導かれ、教会を形成する書物を書くことを、自分たち第一世代の不思議な召命として、一貫して意識していたことに疑いはありません。

新約聖書の正典——多様性に富んでいるのか、それとも矛盾しているのか？

これはもちろん、初期キリスト教の著作者がすべて同じことを言っていた、ということではありません。今日、彼らの著作の豊かな多様性を否定する人はほとんどいないでしょう。しかし、これから見るように、それらは多様性ではなく、明らかな矛盾であるという多くの非難は、歴史研究そのものからというより、はるかに後の時代の西洋思想（たとえば16世紀や19世紀）のカテゴリーをテクストに押し付けたことから生じています。

明らかな例として、「信仰義認」を教える書が、同時に「行いに対する最終的なさばき」や、ましてや今日「高い教会論」とみなされるものを教えるなどありえない、という考えがあります。あるいは、イエスを（ユダヤ教のカテゴリーとしての）「メシア」として宣言することと、イエスを（異邦人のカテゴリーと思われている）「主」として宣言することとの間には緊張関係がある、という考えがあります。

このような判断によって、過去二百年間の多くの人々は、新約聖書における矛盾について性急な結論を出すようになりました。しかし、あるカテゴリーがどのように一貫性を持って適合するかを見抜けない西洋の神学者がいるからといって、そのカテゴリーが1世紀にも適合しなかったことにはなりません。よく知られている正典内の一貫性と相補性の問題と見えるものは、このタイプのものが多いようです。それ以外のものは、新約聖書の驚くほど一貫した主張を損なうというより、さらなる思想への挑戦と見なすのがいちばんよいでしょう（第4章と第5章参照）。

初期キリスト教による旧約聖書の読み方
——神の新しい契約の民と、現在進行中の物語の中での彼らの位置

とりわけ、イスラエルの物語がイエスによって成就されたことを、初期キリスト者が信じていたまさにそのゆえに、彼らは重層的で、ニュアンスに富んだ、神学的に根拠づけられた旧約聖書の読み方を編み出しました。初期キリスト者は、昔もいまも旧約聖書は神がその民に与えた書物であることを堅く信じていました。彼らは、世界のための神の目的の先頭に立つ契約の民であり、メシアであるイエスも、彼らの中から登場したのです。

しかも、彼らは最初から新しい方法でいにしえの聖書を読んでいました。その結果として、聖書のある部分はもはや彼らの生活に当てはまらないと認識するようになりました。ここは強調しなければならない点ですが、それは、その部分が悪いとか、神から与えられたものではないとか、充分に霊感されていないとかの理由ではなく、それは、いまやクライマックスを迎えた物語の始めの部分に属していたからなのです。

これは初期キリスト者が旧約聖書をどのように理解していたか、また新約聖書の記者たちが、旧約聖書をどのように使用していたかを理解するための重要な洞察です。何度も何度も耳にした非難ですが、新約聖書の記者たち（と、口伝や伝統におけるその先達）は、旧約聖書をぼろ布の

ように扱い、そこから自分たちの好きなものを選び、不都合なものは放っておいたというものがあります。これは、「今日の私たちはそれと同じように（旧約聖書は言うに及ばず）新約聖書も扱うことができるし、そうすべきだ」という言い方で、ここ数十年になされている議論で繰り返し使われています。しかし、この言い方は不当なものであり、初期キリスト者がどのように聖書を理解し、使用していたかについての誤解から生じています。

刷新されたイスラエルの民、すなわち、いまやイエスと聖霊によって全世界に対する使命を担う、多民族的で地理的限定のない民として作り変えられた初期キリスト者たちは、旧約聖書の時代と自分たちの時代のあいだの、適切な、そして決して恣意的ではない連続性と不連続性を、非常に早い段階で見いだしていました。（ちなみにこのことは、「ディスペンセーション主義」の空想的な憶測や時代区分とは何の共通点もありません）。このことは、より詳細に検討される必要があります。

初期キリスト教会の聖書利用における連続性と不連続性

初期のキリスト者たちはすぐに、連続性と不連続性の問題を熟考することを余儀なくされました。非ユダヤ人が神の民に加わることを承認するかどうかついての初期の論争は（割礼を受ける必要があるのか？　ユダヤ教の食物規定や安息日規定に従う必要があるのか？）、ガラテヤ書2章と3章でパウロが説いた詳細な議論を生み出しました。それは、アブラハムとの契約の約束を、単一の多民族的な家族を神が造ることによって成就したからこそ、ユダヤ人と非ユダヤ人を明確に区別するモーセ律法の規定はいまや破棄されてよい、ということについてでした。それは、それらが悪いものだからでも、神から与えられたものでなかったからでもなく、いまや完了した暫定的目的のために与えられたものだからです。

他の多くのケースでも同じパターンが繰り返されています。イエスと聖霊による新しい契約の発足は、それがどのような意味で同じ契約の更新となり、どのような意味で（「異なる」契約という意味での）「新しい」契約なのかを、キリスト者が探り出さねばならないことを意味していました。パウロ自身、契約の更新が設定した解釈上の緊張を次のように要約しています。神の義は「律法を離れて」、しかし「律法と預言者によって証しされて」明らかにされている、と（ローマ3・21）。

これは初期キリスト者が、自分たちの時代と紀元前のイスラエルの時代とのあいだに見る連続性と不連続性をたどるのに役立つモデルを提供しています。連続性が見られるのは、たとえば、神の善なる被造物としての世界、また悪に対処する神の主権的な義務と約束、そして神がこの普遍的な目的を達成するための枠組みであるアブラハムとの契約、さらには異教の偶像崇拝と不道徳という非人間的な世界に対抗し、聖性と新しい真正な人間性を求める呼びかけなどに関する初期キリスト教の主張です（もちろん、1世紀の多くの人々は、そのような「聖性」はユダヤ教の律法の遵守を要求していると考えていましたが、その時点でそれは次のカテゴリーに転じてしまいました）。

不連続性の明らかな例は、至る所にあります。古代ユダヤの清浄に関する律法は、異邦人が同格の立場で歓迎される共同体では、もはや関係ないと考えられます（マコ7章、使15章、ガラ2章）。エルサレムの神殿とそこで行われた犠牲は、もはや神とその民との出会いの焦点ではありません（マコ12・28-34、使7章、ロマ12・1-2、ヘブ8-10章）。実際、新しいエルサレムに神殿はありません（黙21-22章。この箇所は、エゼキエル書の神殿中心のクライマックスを下敷きとして書かれているので、より注目に値します）。安息日はもはや必須ではありません（ロマ14・5-6）、実際、人々がその遵守を主張するなら、福音の精神に逆らっていることになります（ガラ4・10）。いまや聖地はありません。ローマ書4章13節における、アブラハムとの約束についてのパウロによる再解釈では、神がアブラハムに約束したのは、単なる一区画の土地ではなく、全世界だというのです。そしてこれは、ローマ書8章における全被造物の刷新を予期させるものです。おそらく最も重要なことは、ユダヤ人と異邦人の間の隔ての壁が廃止されたことです（この考えはパウロ書簡全体に見られますが、エフェソ書2・11-22に要約されています）。

初期のキリスト者たちがこれらの結論に達したのは、旧約聖書の中のありがたくないと思われる部分を少しずつ取り除いていく無神経なプロセスによるのではありません。それは聖書のすべてがイエス・キリストに集約されており（その書の多くのメッセージを要約しているマタ5・

17、ロマ3・31、二コリ1・20)、いまや神の新しい契約と新しい創造のプロジェクトが始まったからであり、それゆえ必然的に新しい方法が採用されたことによる、神学的・実践的に生み出された深い感覚から来ているのです。

ヨハネはこのことを、しばしば解説者を悩ませてきた一文にまとめています。「律法はモーセを通して与えられ、恵みと真理はイエス・キリストを通して現れた」(ヨハ1・17)。ここは「しかし、恵みと真理はイエス・キリストを通して現れた」と理解すべきなのでしょうか、それとも「そして」という意味なのでしょうか? 福音書の残りの部分は、ヨハネは意図的にそれをあいまいなままにしていることを示唆しています。

初期のキリスト教における旧約聖書の使用は、まさにこのあいまいな立場を反映しています。イエス・キリストのユニークな業績が強調されていたまさにそのゆえに、旧約聖書は、それまでとまったく同じ役割をキリスト教共同体の中で持ち続けることができませんでした。キリスト教は、イエスのユニークな業績を繰り返しはしないのと同様、物語の初期の段階を繰り返すこともしません。むしろそれは旧約聖書を称賛し、その上に構築していくものです。イエスのミニストリーとパウロの働きにおいては、成就と共に物語の中に新たな瞬間が訪れ、劇の中で新たな幕が開かれる事実について、最初から絶えず語られているのが分かります(168-176頁参照)。

マルキオン(旧約聖書の神は、新約聖書の神とは異なる)や、一部の宗教改革者による神学的に類似した考え(物事はそれほど単純でないという一般的認識を持ちつつも、ルターが、「モーセはキリストのことを何も知らない」とかつて言ったような意味を押し付ける、律法と福音の間の厳格なアンチテーゼ）のような強引な図式では、たとえこのような重層的な方法であったとしても聖書全体の下で生き続けた初期キリスト教の洗練された感覚を正当に評価しているとは言えません。また、16世紀と17世紀の一部の著作者たちのプラグマティックで経験則的な結論も同様です。彼らは、「道徳」律法は残されたが、「市民」律法と「祭儀」律法は廃止されたと見なしました。しかし、ほとんどの古代ユダヤ人はそのような区別を認識していなかった事実を無視しました。

　この連続性と不連続性がどのように機能するのか、例話で想像するのは難しくありません。旅人たちが広大な海を航海して、ついに遠くの海岸に到着したとき、彼らは船を残して陸路を進みます。それは船が悪いものだったからでも、旅人たちの航海が誤った方向に導かれたからでもなく、船も航海も、その目的を達したという、まさにそのゆえなのです。新しい陸路の段階に達した旅路においても、旅人たちは依然として――この例話での彼らは、そのことを決して忘れてなりませんが――その船で航海をした人々であり続けるのです。

　新約聖書の中でこのような考え方を示す最良の例は、おそらく最も初期の箇所の一つです。ガラテヤ書3章22-29節でパウロは、神は特定の目的のためにモーセの律法を与えられたが、それはいまや実を結んでいる、だからこそその律法は、共同体を定義する任務という観点から廃棄されなければならない、と主張しています。それは、律法が悪いものだからではなく、それが良いものであり、その任務が完了したからなのです。しかし、その手紙全体が示すように、イエスと聖霊によって刷新された神の民は、彼らが旅してきた道程を決して忘れることはできませんし、忘れてはならないのです。

あらゆる人間文化との対話的関係にある新約聖書

したがって新約聖書は、初期のキリスト者がその中に生きていることを知っていた言葉の文書的表現として出現したものです。実際、彼らはこの言葉によって、人生のすべてを完全に見いだすことができたのです。この言葉は最初から、人間の生活、文化、願望、思い込みなどに浸透していたのであり、これからも浸透していくことが想定されていました。

書かれた言葉は、原初の福音を生きた言葉として表現し、具現化したものです。それは、唯一の創造主である神が宇宙を立て直すための聖霊によって力づけられたエージェントであり、そのようなものとして真に人間的な生活への道を提供しました。しかしそれは、真に人間的な生活とは何かということへのある理解に対しては鋭く立ちはだかりました。それは、イスラエルに対する神の計画を成就する仕方でしたが、イエスをメシアと認めない他の解釈に対抗するものでした。イエスのたとえ話そのものと同じように、初期のキリスト教の著作は、何が本当に重要な問題なのか、真の答えは何であるかの既存の認識を再確認すると同時に、再定義したのです。

重要なことは、これらのすべてが意味することは、古代か近代かを問わず、その文化の持ついかなる部分も、決して自動的に支持されたり拒絶されたりしてはならない、ということです。ユダヤ世界には、初期キリスト教の中でそのまま支持されたものもあれば、神学的理由で支持されなかったものもたくさんありました。同様に非ユダヤ世界にも、初期キリスト者が使用することのできた多くのことがありました。

パウロは、「あらゆる思惑をとりこにしてキリストに服従させ」る（二コリ10・5）と語り、「善」と「悪」に関する世界の認識と、キリスト教会が守らねばならないものの間に相通じるものがあると見ています（ロマ12・9、17、フィリ4・8）。しかし、その地域の文化の中にどれほど深く根付いていても（同一化していたとしても！）、教会がはっきりとそれに反対せざるを得ないものもたくさんありました。エフェソでパウロが女神ディアーナ［聖書ではギリシア名のアルテミス］と直面したときの暴動を考えてみてください。

語られ、書かれた「言葉」がつねに人々を招き入れたものは、犠牲と反対をもたらす贖《あがな》い、バプテスマでキリストと共に死んでよみがえることによる刷新、その土台の上で生きることによる葛藤、すなわち創造主である神のかたちを反映することでした。使徒的な宣言は、初期の教会にとってつねに指針となり（最終的に新約聖書の文章で表現されるようになりました）、文化的コンテクストと刷新された人間が歩むべき新しい道との関係を識別するものとなりました。

これは初期の教会においては、恣意的、あるいは「支配的な」倫理の宣言、つまり外部から押し付けられた基準や弱い者いじめをする権威とは何の関係もありませんでした。それは、人間の再生を、神が最終的に世界から悪を根絶し、新しい創造そのものを誕生させるための始まりであり、それへの道しるべであり、その手段でさえあると理解することに関係しています。このように初期のキリスト者が信じていたのは、神の言葉が聖霊を通して共同体の中で働いて、イエスのなしとげたことに実質を与え、そのようにして最終的な神の王国へと前進していくことです。

ですから、次のように要約することができます。新約聖書は新しい契約の憲章であり、キリスト者が神の世界のために神の民となるために形成され、改革され、変容されるために新しく語られる物語の基礎となる書物であるという自己理解を持っています。これこそが、「聖書の権威」が今日の実践においてどのような意味を持つのかを再考する際に、初期のキリスト者が私たちに託した挑戦なのです。

第5章　最初の16世紀

ここで、私たちは非常に長く複雑な物語、つまり教会が1600年のあいだ、どのようにして聖書と共に生きてきたのかという物語を、非常に短い叙述に圧縮しなければなりません。目下の研究に直接関連すると思われる事柄だけを強調していきます。

聖書への教会史初期の挑戦に対し、聖書そのものと初期キリスト教の伝統、そして優れた釈義へのアピールによって応える

2世紀と3世紀のキリスト教の中心にあったのは、教会は聖書と共にあり、また聖書の下で生きる共同体であるという意識でした。聖書は、教会に神の王国の宣教と生活に必要な手段を与え、祈りと聖性において教会を支えました。聖書は、初期のキリスト者たちに向けられた疑問や攻撃に対応できるようにしてくれました。キリスト教を根本的に再構成（そして少なくとも半異教化）しようとするマルキオンやグノーシス主義者による挑戦に対抗して、聖書そのものへの新たなアピールや、教会はつねにこのように物事を理解していたという主張（この時点で初期の「信仰の規定*」の発展を見ることができます）、そして論争の対象となった特定の聖句の実際の意味についての詳細な議論（たとえば、グノーシス主義者に対するエイレナイオスの議論）が生まれました。

このようにして、教会が外部者に対して自らを説明し、自らの豊かさを探究するための特徴的なやり方が生まれました。それは、聖書を中心として訴えるものであり、それまでの理解（「伝統」）と考え抜かれた説明に裏打ちされたものであり、当時の有力な思想とさまざまな形で統合されたりそれに対抗して立つというものでした（たとえばユスティノスやテルトゥリアヌス）。

それを「理性」と呼んでもそれほど時代錯誤とは言えないでしょう（165‐167頁参照）。聖書は中心であり続けました。実際、聖書に基づいた説教や聖書を詳細に説明した注解書は、最初の数世紀の教会で通常の神学的営みの中心となっていました。聖書を読む共同体として初期教会を研究することは、初期キリスト教とは何だったのか、その核心に迫る最良の方法の一つです。

代替キリスト教という「新たに」発見された聖書ナラティヴの再確認

聖書の強調は何よりもまず、構造的にも詳細なレベルでも、神と世界と人間に対する新たなユダヤ的見解と呼ばれるものの強調でした。このことは、いくらでも詳細に記述して示すことができます。広く一般的なレベルに限って言うならイスラエルの物語に根ざし、イスラエルのメシアの死と復活によって再創造された民であり、したがって真の人間になるという使命を生きているという主張は、第一に、グノーシス主義などの本質的にプラトン的二元論に対して、第二に、ギリシア・ローマ世界に遍在した異教主義に対して、創造と契約に基づく一神教を擁護しました。(このやや濃密な神学的主張についての詳細は、私の著書『新約聖書と神の民』の第9章に記載されています)。

ほとんどのユダヤ人がまだ偽者とみなしていたメシアに従いながら、ユダヤ人としての新たな地位を主張するというアイロニーは、パウロ(たとえばローマ9-11章)からユスティノスの『トリュフォンとの対話』、そしてそれ以後に続く思想の流れに現れています。しかし、このような緊張関係の存在は、教会が聖書と共に生き、たとえばいわゆる『トマスによる福音書』(トマス伝)のような、まったく異なる神学的立場に賛同してそれを放棄することを拒否したときに何が問題になったかを思い起こさせてくれます。

ユスティノスやテルトゥリアヌスやエイレナイオスのような著作者たちの主張と、それらの聖書的根拠とアピールは、教会の歴史的性質の強調へと導きました。それはイエスの時代から

＊古代教会で用いられた洗礼定式。正統的信仰の基準となる。より広い意味では、歴史的・正統的キリスト教の中核をなす根本教理のセットを指す。

自分たちの時代までの連続性、そして実際、アブラハムの民の連続性に重点を置きました。彼らはメシアであるイエスによって変容されましたが、それでも世界を変容させるという同じ召しに従っていたのです。

最近の著作ではこの主張が、おなじみの挑戦の改変版にさらされています。初期キリスト教の「代替的な《オルタナティヴ》」様式を発見しようとする、また初期キリスト教の生き生きとした生活様式を抑制するために、他のテクストが主流派教会から「排除」されたことを示唆しようとする熱心な試みが最近見られます。その熱意はこのような「初期カトリシズム」的にも見える立場に対する後期プロテスタントの警戒心から来ている部分もあれば、贖いの宗教に対して、「自己発見」という宗教を求める近代後期の熱意から来ている部分もあります。

このような立場は（学問的にも大衆的にも荒唐無稽な小説『ダ・ヴィンチ・コード』の巨大な人気は、コプト語やシリア語のテクストが、イエスが「本当は」何を考えていたかを明らかにしたとする「発見」に向けられた学者たちの好意的評価と同じように理解されるべきです）、近代後期の西洋文化、特にアメリカ合衆国における一般的感覚に訴えることによって、その力を得ています。それは、正統派キリスト教は個人や社会にとって悪いものであることが証明済みであり、人々を奴隷化しようとする勢力と結託したその抑圧的性質は、今日知られる聖書正典の執筆や特権化の中ですでに現れていた、というものです。

確かに、正典化のプロセスは教会自身が最終的な権威者であることを示すものだという考えが時々提案されます。この提言は、聖書に対する教会の優位性を主張するカトリックの伝統主義者によってなされることもあれば、聖書の正典自体、ひいては正典に含まれる書物は、すべて教会内における支配と世界における社会的地位のための権力闘争の一部であると主張するポストモダンの懐疑論者によってなされることもあります。これは、郵便で命令を受け取った兵士が、その配達人を自分の指揮官であると思い込むのと似たような、かなり明白な論理的誤謬を犯しています。メッセージを伝達し、収集し、配布する人たちは、最初にメッセージを書いた人たちと同列ではありません。

このような提言は、一部で熱狂的に支持されているにもかかわらず、実際には、それらを推奨すべき歴史的理由はほとんどありません。これらの提言はとりわけ、キリスト教の伝統の深刻な脱ユダヤ化を意味しています。ユダヤ教でもキリスト教でも、あらゆる種類の完璧ではない人間的な動機によって、聖書の正典化が複雑にされたことは間違いありませんし、そもそも聖書が書かれたときも同様でした。しかし正典化は、個別の書物について「何を入れて何を外すか」を決めるという、単なる選択の問題では決してありませんでした。それは、神の世界と神の民に意味を持たせ、秩序をもたらす、より大きな物語、ナラティヴの枠組みを設定することであったのです。

聖書を読んでいた初期の教会の歴史の中で重要なこととして、生きたまま焼かれたり、ライオンの餌食にさせられたり、あるいは他の方法で迫害されたり、拷問されたり、殺されたりした人々は通常、マタイ、マルコ、ルカ、ヨハネ、パウロ、その他の著作を読んでいた人々であったことに注意しなければなりません。『トマス』や類似の書物によって生み出された類いの霊性は、ローマ帝国当局を心配させることはなかったでしょう。その理由は、『トマス』や同種の語録集は非ナラティヴ的であり、それらの言葉をイスラエルの物語の包括的な枠組みに位置づけるのを意図的に避けている事実と無関係ではありません。

正典文書は他の文書集に収められたものと異なり、初期のキリスト教をより社会的、文化的に尊敬されるようにするために書かれたと言われたり、暗示されたりすることがあります。177年にリヨンの司教が他の数人のキリスト者とともに殉教した後、後任者としてリオンに戻ってきたエイレナイオスは、トマス伝や同様の書物に見られるような神学に断固として反対しました。聖書の熱心な支持者であった彼がこのような意見を聞いたら、残酷な冗談と感じたことでしょう。エイレナイオスの著作が明らかにしているように、初期教会の精力的な宣教と、周囲の異教世界を驚かせるような急進的な聖性への献身を支えていたのは、まさに正典である聖書だったのです。

聖書の物語性とイスラエル的側面への関心の減退

聖書の物語に対するユダヤ的感覚を教会が維持するのは困難でした。次の数世紀のあいだに、教会自身とその聖書理解におけるイスラエル的な側面が徐々に失われていったからです。聖書の権威という概念は、そのナラティヴ的文脈から切り離され、その結果、神の王国という賜物と目標の両方から孤立するようになりました。

テルフォード・ワークが実証しているように、当時の多くの神学者、特にアウグスティヌスは、聖書を通して人々を信仰と聖性と救いに導く神のわざに熱心に取り組み続けました。しかし、一部の伝統の展開の中で失われていったのは、神の王国が世界に生み出されるための器としてのダイナミックな聖書の概念です。

「新しい契約の民を召集して形成し、その指導者を教師や説教者として整えることによって、神がその王国をもたらすために聖書を通して力強く働く」という観点から素描した「権威」の概念が、次第に平板化になり、特に次の二つのものに変わっていきました。第一に、聖書は「法廷」として、また教理や倫理を導き出し、革新的な事柄を判断するための原典やルールブックとしてみなされるようになりました。第二に、聖書はレクツィオ・ディヴィナに使われました。これは、個々の読者が、神の個人的な語りかけを聴き、自分の霊性と信仰を養うための実践でした。

聖書に対する教会の献身の（不完全な）しるしとしての「寓意的」釈義とは

少なくともオリゲネス（185?-254）以降、一部のキリスト教神学者は、聖書を理解する主要な技法として寓意を使用していました。寓意（オリゲネスと同じくアレクサンドリアに住んだ1世紀のユダヤ人哲学者で政治家のフィロンによってすでに縦横に用いられました）とは本質的に、隠された意味を識別する暗号として表層のテキストを読み取るものです。

これは、少なくともイエスのたとえ話のいくつかで部分的に先取りされていますが、イエス自身が物語の細部をこのような用法に押し込めることを、どこまで意図していたかは議論が続いています。ダニエル書や旧約聖書の他の書物の黙示的な場面は、テクスト自体の中で寓意的に説明されています。パウロはガラテヤ書4章21-31節で、旧約聖書を明らかに寓意的方法で釈義していますし、第一ペトロ書3章20-22節も同様です。おそらく、その後の聖書の寓意的な読み方の最も有名な例は、エロティックな愛の壮大な詩である雅歌を、キリストと教会の間の愛の寓意として読む方法で、これはユダヤ教で同書を、YHWHとイスラエルとの間の愛として読む読み方と対応しています。

寓意の使用が浮き彫りにするのは、旧約聖書の中の衝撃的な物語など、問題の多い部分ももちろん含めて、聖書全体と共に生き続けることの重要性を教会が主張していることです。ここで私たちは、権威と解釈の間に緊張が生じていることを目の当たりにします。テクストの再解釈は、それがそもそも解釈の要点である権威を失うことなしに、どこまで許されるのでしょうか？　このプロセスのどの時点で、このような解釈の本当の「権威」は、すでに他の理由で信じられていたり、受け入れられたりしていた神学の信仰の体系にあり、使用されている解釈方法によってテクストの中に「発見」されたものにすぎないと私たちは結論せざるを得なくなるのでしょうか？

新約聖書の記者たちが、後の寓意的解釈者たちに出会ったら、彼らにある種の質問をしたくなるかもしれません。「なぜそれらのテクストに問題があると感じたのでしょうか？」「聖書が単に道徳的な模範や教義的な教えの保管場所である以上のものであることに、なぜ気づかなかったのでしょうか？」「聖書が全体として、また多くの部分において、神とイスラエルとの関係を正しく理解するために、人間の邪悪さをあるがままに示すことが許されている物語——少なくとも多くの場合——として提供されていることに、なぜ気づかなかったのでしょうか？」

たとえば、ユダがタマルとの近親相姦の罪を認めたことは（創38章）、37章26節でヨセフを奴隷として売ることを画策した彼の傲慢な行動と、彼がベニヤミンの代わりにヨセフの奴隷となることを謙虚に願い出たこと（44・18−34）との間をつなぐ、失われた環です。士師記19章にあるレビ人の側女についての恐ろしい物語は、どんな種類の道徳的模範として意図されたものでも決してありません。それは、王が不在の人生がいかに混乱したものかについて、繰り返し作者が主張していることでした。ダビデのバト・シェバとの姦淫（サム下11）は、アムノンがもう一人のタマル［創世記のタマルと別人］を強姦する出来事（サム下13）を生み出す王宮の雰囲気を作り、さらにそれは、アブシャロムの反乱とダビデの不名誉（サム下15）を引き起こします。

これらの箇所は、居心地の良い道徳的な物語という意味で「ためになるお話」とは言えません。

それにもかかわらず、その強力な神学的要点を明らかにするために、実際に寓意的に読む必要はありません。また、さらに深いレベルで考えるなら、キリスト教的な旧約聖書の読み方が連続性と不連続性の両方を含んでいるという、新約聖書独自のニュアンスに富んだ重層的な理解を、なぜ寓意的解釈者たちは身につけなかったのでしょうか？

しがたって寓意化とは、次の両方を意味しています。教会が聖書と共に、また聖書の下で生きていかなければならないという主張と、聖書そのものが実際どのように機能しているかに関する、少なくともあるレベルでの誤解です。確かに、寓意にはさまざまなタイプがあり、寓意的な釈義を行う理由もさまざまです。その複雑さを本書で取り扱おうとすれば、本題から遠く離れてしまいます。しかし、少なくともいくつかの寓意的用法は、イエスとその最初の弟子たちが住んでいた1世紀のユダヤ人世界から一歩離れているように見えます。

ある意味で寓意は、時々主張されるように、「教会のために聖書を救う」方法だったのです。当時入手可能だった他の読解戦略では、旧約聖書のあまり魅力的でない箇所はまったく捨てられてしまったことでしょう。そしてもちろん、寓意的な読者はつねに、彼らの思想にキリスト教的ナラティヴの形式を与えた初期キリスト教の信仰の基準の枠内の中で釈義を行っていました。しかし、寓意的な釈義はつねに、人々に非物語的、したがって非ユダヤ的な方法でつねに聖書を見ることを奨励することで、より根本的なレベルで多くのことを譲歩する危険がありました。このレベルでの寓意は、聖書の物語そのものの優位性から遠ざかる動きの徴候の一つであり、聖書の下で生きようとする現代の私たちにこうした取り組みが、実際は聖書そのものではなく、教会生活の中の特定の伝統に訴えかけることを予示するのです。

中世の「四重の意味」
――聖書の豊かな輪郭を理解しようとするもう一つの（不完全な）試み

初期の解釈者たちによって提供された寓意的釈義論は、中世になっても継続され、非常に洗練された想像力豊かな方法で発展していきました。神学者たちは、聖書の四つの異なる意味（四重の意味）、すなわち、字義的（literal）、寓意的（allegorical）、神秘的（anagogical）、道徳的（moral）な意味を区別するようになりました。

「字義的」意味というのは、オリジナルの意味を表しています。これは紛らわしいことに、ガラテヤ書4章でサラとハガルの物語をパウロが解釈したような寓意や、イエスが「私は良い羊飼いです」と言ったような比喩を含むことがありえます。（これは、後の時代のいくつかのものとは異なる「字義的」の意味であることに注意しなければなりません。107-109頁参照）。

「寓意的」意味とは、ある箇所にその本来の意味とまったく関係ないと思われるキリスト教の教理を見いだすことです。たとえば、アブラハムが息子のための花嫁を探すためにしもべを送ったことは（創24章）、神が息子（イエス・キリスト）のための花嫁（すなわち教会）を探すために福音や聖霊や伝道者を送ったことの寓意として読むことができます。「神秘的」な意味とは、テクストの中に将来の命のイメージを発見するための方法でした。おそらく最もよく知られている（そしていまでもしばしば直感的に理解されています）例として、エルサレムに上ることを語った詩編を用いて、キリスト者の目的地としての天の都について語ることがあります。（「神秘的 anagogical」とは、「上に導く」という意味で、コロサイ3・1–2のように、上にあるものについて思い巡らすために、心と思いを持ち上げることを意味します）。「道徳的」な意味とは、そのようなことを端的には教えていないテクストの中に隠された、どのように行動すべきかという教訓を発見するための方法です。

オリゲネスのような、より早い時代の著作者の寓意化と同様、このような複雑な方法について注意すべき点は、たとえ聖書が不透明に見えたとしても、それに基づいて、その下に生きることが教会の義務であり、召命であることを保証する方法を表していることです。もう一度言うと、それは信仰の規定の中で聖書を読む方法であり、少なくともある観点からすれば、たとえ聖書自体が何を言っているのかに注意を払わなかったとしても、聖書の権威を主張する方法だったのです。

しかし、中世の世界観について今日よく言われている点を見落としてはいけません。啓蒙主義とそのすべての科学的革命のこちら側に生きている私たちは、断絶された断片的な世界という感覚を受け継いでいるため、たとえば、地球の生態学的ケアにおいて、物事が見かけ以上に相互に関連していることを学ぶのに大きな困難を覚えます。中世の精神は、神と人間の問題のすべての領域、創造された秩序のすべての部分で、すべてのものがすばらしく複雑な関係においてつながっていて、その中で人間は、ある部分から別の部分へと思考を巡らせ、あらゆる点で調和を見いだすことができることを当然視していました。

現代人には恣意的に見える聖書の四重の意味は（現代の編集史批評が福音書の文字どおりの意味から離れて、そのプロットや人物描写、地理その他において、いくつかの異なる層の象徴的意味を識別しようとする試みのように、ときに私たちは別の装いのもとにこれらすべてを再発明したのですが）、このような相互関連性の感覚を用いれば、聖書のどこを開いても、過去に起こったことだけでなく、キリスト教の真理の豊かさ、行く手にある栄光、そしてキリスト教道徳の確固たる基盤を発見できるかもしれないことを事実上示唆しています。これは立派な目的であり、少なくとも本書が主張しているような読み方によって得られるもののいくつかの側面を別の方法で繰り返したものと言えます。

しかし、それには代償が伴わないわけではありません。中世の擁護者でさえ認めているように、いったん寓意が支配してしまえば、ほとんど何でも聖書から「証明」できるようになり、その結果として、幻想的で高度に思弁的な理論が生まれたのです。12世紀のサン・ヴィクトルのユーグ（フーゴー）が、ノアの方舟の長さが３００キュビトであることから、十字架を指しているのではないかというように、これらの説には、時に単なる空想の産物であることもあります。なぜなら、十字架の形をしたギリシャ文字のタウ（T）は、数字の300を表すからです。（これは、一ペト3・20‐22にヒントを得て、ノアの物語のあらゆる側面をイエスの生涯における出来事の伏線として見ようとする中世的な決意の一例です。有名なことに、その中にはノアの酩酊も含まれ、多くの偉大な絵画の主題となりました）。

このすべてにおいて何が問題かと言えば、それはもちろんコントロールができないことです。ひとたび聖書にうしろ足で立たせてダンスを踊らせることができれば、それは唸《うな》るライオンではなく、飼いならされたペットになってしまいます。それではいかなる厳密な意味においても「権威ある」書物でなくなってしまいます。つまりそれは、あれやこれやの論点の「証明」であるかのように引用されるかもしれませんが、神ご自身の新鮮な息吹で教会を活気づけ、先導していくことはできません。

問題は、聖書が既存の神学に奉仕するために使われるのか、あるいはその逆であるのか、ということです。このような懸念は、16世紀の宗教改革が生み出した複雑な状況に貢献しています。

「伝統」の発展

「四重の意味」への人気は、聖書に並ぶものとして「伝統」の権威を主張すること、したがってもちろん、その伝統を守り発展させる存在である教会の権威を主張することと密接な関係がありました。トマス・アクィナスにとっての「伝統」の定義は、多かれ少なかれ「教会が聖書を解き明かした際に述べたこと」であったのに対し、16世紀になるまでには、「伝統」は聖書の本質的な補足であり、聖書解釈の枠組みであるとみなす立場にまで到達していました。(この発展は、「書かれた律法《トーラー》」と共に、シナイ山で神からモーセに与えられたとされる「書かれざる律法《トーラー》」があるというユダヤ教の考えと、少なくとも平行しているところがあります)。

このことは、たとえ聖書に何も書かれていないことでも、また、たとえ聖書自体が言っていることに反しているように見えても、教会の伝統の中で充分に確立されたとみなされたものは、権威あるものとして教えられ、巧みな寓意的釈義によって裏付けられうることを意味していました(マリアの永遠の処女性はよい例でしょう)。伝統の地位と聖書との関係は、今日に至るまでローマ・カトリックとプロテスタントの間だけではなく、ローマ・カトリック自体の中でも論争の的となっています。

「聖書のみ」と宗教改革

宗教改革者たちのスローガンである「聖書のみ（sola scriptura)」は、中世の教会の堕落と考えられたものに対する彼らの抗議の一環でした。聖書に立ち返れば、ミサではなくイエスの一度きりの死を、煉獄ではなく信仰による義認を、教皇の力ではなく神の言葉の力を見いだすだろう、と彼らは主張しました。聖書に、救いに必要なすべてのものが含まれているという彼らの主張は（この点は、宗教改革に起源を持つほとんどの教会の式文集にもはっきりと残っています）、実体変化*のような教義が必須の信仰箇条であるローマの主張に対する抗議の一環でした。

それは、救われるためには聖書に書かれているすべてのことを信じなければならないという意味では決してありませんでした。むしろ制限を設けるための規則だったのです。すなわち、聖書を超えたいかなるものも、救われるために信じなければならないと教えるべきではないということです。他方でそれは、その道での基本的標識を提供しました。つまり、聖書で教えられている偉大な真理は、確かに救いの道であって、教会で教職をゆだねられている者は、その職権を用いてそれ以外の他のいかなるものも教える権利はない、ということです。

宗教改革者たちはこのようにして、教会の諸伝統に対して、伸び放題に茂っていた三つの意味については聖書の字義的意味の回復を、ラテン語で読むエリートによる聖書の保護に対しては、普通のキリスト者が自分のために聖書を読む権利を設定しました。彼らがそうしたのは、教会が正しい道から外れてしまったこと、そして生ける神が、聖書そのものを使って教会を正しい道に戻そうとしていることを主張するためだったのです。

聖書は、ある特定の考えを支持したり打倒したりするために用いる単なるリソースではありませんでした。すべての歴史の転換点としてのイエス・キリストの十字架と復活（それは一度きりのことで、ミサのたびに繰り返すことはできないと彼らは強調しました）という、新約聖書の中心的な強調に適切な注意を払って忠実に解き明かされたとき、神の言葉は、普通の人々の心と人生において再び新たな働きをなすようになったのです。

このように普通の人々を念頭に置いて、偉大な宗教改革者の何人かが聖書翻訳者となりました。最もよく知られているのはドイツのルターとイギリスのティンダルです。この二人は、キリスト教の思想だけでなく、その後の数世紀にわたって人々の言語に永続的な影響を与えました。

宗教改革における「字義的意味」について

宗教改革者たちの中心的な専門用語の一つと、その同じ言葉が現代でどのような意味で使われているかの間に、重要な違いがあることに気づくことは重要です。宗教改革者が聖書の「字義的」意味を主張したとき、彼らは中世の四重の意味のうちの最初の意味を指していました。これまで見てきたように、これは聖書の歴史的な意味と指示対象を指していることが多く（たとえば、ソロモンの人々が神殿を建てたと聖書に書かれている場合、字義的な意味はソロモンの人々が神殿を建てた、ということです）、「字義的」意味とは、実際の「文字の意味」を意味しています。そして、その「文字」、つまり原著者や編集者が用いた言葉の意味が実際に比喩的なものであるなら、それは比喩的意味ということです。したがって、私たちにとって紛らわしいかもし

＊ミサにおいて、パンとぶどう酒が文字どおりキリストの血肉になるという教え。したがってミサのたびにキリストの犠牲が繰り返されると考えられた。

れませんが、神の鼻の穴から煙が出るという詩編18編8節の「字義的」意味は、この比喩の豊かさによって、ご自分の民を抑圧する者に対する、生ける神の激しく恐ろしい憤りを、詩人が喚起しているということなのです。

最後の晩餐でのイエスの言葉（「これは私の体です」）の比喩的な意味を、私たちにとって「字義的」と呼ばれる意味、つまり（よく言われるように）イエスがそれを「文字どおり」意味したという見方（これは実体変化というかなり粗雑な観念を支持することになります）に対抗して主張するとき、宗教改革者たちはこの点を説明するように注意していました。彼らにとっての「字義的」な意味とは、最初にそれを書いた人たちが意図した意味であり、この場合は、ある種の比喩的な意味であると主張されたのです。

このような論争はさておき、「聖書の字義的意味」を唱えて、宗教改革者たちの用語法に倣って論点を整理しようとすることは、「比喩的」ということに対比された「字義的」という意味ではなく、中世の他の三つの意味（寓意的、神秘的、道徳的）と対比された意味での「字義的」（それが本来の意味であれば、議論の余地なく比喩を含みます）を意味する場合にのみ有効であることに注意しなければなりません。これは後に宗教改革のレトリックにアピールしてなされた主張に関して注意深く精査する必要がある多く注意すべき多くの点の一つです。

今日、人々が「字義的解釈者《リテラリスト》」と言うとき、「根本主義者」を意味することが多いです。しかし宗教改革者たちが字義的意味を強調したからといって、それが暗示するかもしれない立場を支持するものではありません。この点については後で再び論じることにしましょう。

宗教改革者と「伝統」

宗教改革者たちは聖書以外の伝統を、独立した権威の源とみなすことを拒否しましたが（そして、律法学者やファリサイ人が神の命令よりも人間の伝統を優先させたことをイエスが痛烈に批判したマルコ7・8のような箇所を好んで引用しました）、彼らは通常は教父たちに訴え、中世以前のより古い伝統や解釈との連続性を証ししていました。結局のところ彼らは、単なる革新性を主張しているにすぎないという批判に違和感を覚えていました。教会は1500年前から存在してきたのに、そのあいだじゅう彼らはどこにいたのか、と反対者たちは力説しました。

宗教改革者の多く、特にジャン・カルヴァンは優れた聖書注解者でしたが、彼らはグノーシス主義者に対抗したエイレナイオスのように、字句に基づいた歴史的釈義に何度も立ち返り、中世の教会の異なる世界観から生み出され、それ自体を今度は支えることになった巧妙で空想的な読み方に対抗しました。

しかし宗教改革者たちが、聖書と伝統の二極化で暗示された行き詰まりに陥っていたかどうかについては議論の余地があります。宗教改革者は、自分たちが過去の最良の伝統と一致していると主張しようとしていたのですが、聖書を読む際に聖書と教会が述べてきたことの歴史の全体が、どのようにまとまるかを説明する方法を編み出すことではまったくありませんでした。

対抗宗教改革における聖書と伝統

宗教改革者の告発と提案に答えるために、ローマ・カトリック教会によって召集されたトリエント公会議が聖書と伝統の問題に取り組んだときに、自らの教義とカテケーシスの一部として今日まで続く公式を考え出しました。つまり、聖書と伝統は同格の権威を持つものとして受け入れるべきである、と宣言したのです（1546年4月8日第4総会8）。400年後の第二バチカン公会議では、聖書と伝統は「同じ神の泉から流れ出て一つとなり、同じ目標に向かって進む」と述べています。

昔から変わらないプロテスタントの立場は、どの伝統が聖書の真正な真の解釈であり（たとえば、ニカイア信条の場合、事実上、すべての教会がそれを信じています）、どの伝統が歪曲や腐敗を表しているかの基準は聖書であり続けなければならない、ということでした。この論争はいまも継続しています。聖書は、どのようにして権威を持つことができるのかを明らかにし、説明するという目下の目的のために注意しなければならないのは、「聖書と伝統」を二つの権威の源として語り始めるやいなや、実際には「権威」という言葉自体を微妙に違う意味で私たちが使ってしまっているということです。もしある男性が二人の女性を「私の二人の妻」と呼び、同時に両方の女性と結婚していることをほのめかすならば、妻という言葉自体の意味を変えていることになります。

「権威」についての場合、こうした二つの平行した流れがあるという考え方は、私が説明しているようなダイナミックな概念に向かうというより、おもに「権威ある裁定を見いだすために赴くことのできる場」という意味で、宗教改革者も反対者も理解していたことを示しています。これが当時における「権威」の主要な意味の一つであったことを考えれば、それは極めて自然なことでした。しかしこれは、私が本書で提起した問題を考える上ではあまり役に立ちません。その提起とは、聖書がどのようにしてダイナミックで救いをもたらす神の力を取り次げるのか、ということに関するものだからです。

宗教改革者と神の物語

今日、宗教改革者たちの著作を読んで見いだすことができないものは、聖書自体において極めて重要であるにもかかわらず、彼らが細部にこだわるあまり強調しなかったものです。つまり、私たちの時代にまで続き、すべてのものの最終的な刷新を見据える、神とイスラエルとイエスと世界の壮大なナラティヴです。

確かに、イエスの犠牲的な死が一度きりであるという彼らの主張は、今日「終末論」と呼ばれるものに根ざしています。それは神と世界の単一の壮大のナラティヴは、その時点で独自の転機を迎えたのであり、それがなされたからには、本来の主張を損なうことなく、再び転機を迎えることは考えられない、という認識に基づいています。(契約書に署名を2回求められたら、最初の契約に何か問題があったのではないかと考えるでしょう)。しかし、この純粋に聖書的な洞察を、私たち自身が後の段階で参加している継続中のナラティヴという強力な感覚にまで発展させることを、宗教改革者は私や他の人々が現在主張しているようにはしていないように見えます。

たとえば彼らが福音書を読んでも、聖金曜日と復活祭の救いの出来事で終わる主の教えの保管庫である以外に福音書をほとんど意識しておらず、それらの出来事を、それに先立つ神の王国の宣言に統合することはありません。この弱点は、千年前の過去［教父の神学を示唆］に戻るに当たって、最近の過去と決別したいという願望の中で、教会史全体の中での歴史的連続性をあまり感じさせたくなかったという点で理解できます。

しかしこのように16世紀を概観して心に留めるべき中心的ポイントは、宗教改革者たちが聖書の権威を主張したことで、いくつかの重要な論点が生まれたものの、それ以外にも多くの問題が議論の余地を残していた、ということです。一つだけ確かなことがあります。もし宗教改革者たちが生き返って今日の私たちに話すことができたとしたら、「私たちはすべてのことを正しく理解した。あなたがたは私たちの釈義と神学に従い、正確にそのとおり実行しなければならない」とは言わないだろうということです。

むしろ彼らはこう言うでしょう。「私たちの方法に従わなければなりません。聖書を、その価値を充分活かすように読み、研究しなさい。そして聖書が、あなたがたと教会を通して世界においてそのわざをなすことができるようにしなさい」と。その結果、私たちが彼らと異なる、あるいは異なるニュアンスの神学的、実践的な提言をすることになったとしても、彼らは驚かないでしょう。そして、利用可能なあらゆる手段を使い、聖書自体がそうするように促しているのであれば、「宗教改革」の伝統自体を含むあらゆる人間の伝統に挑戦する心構えで、聖書が導くところに行くようにと私たちを励ますでしょう。

「理性」の場

近代から16世紀に戻るときに、「字義的」という言葉に注意しなければならないとすれば、「理性（reason）」という言葉と、「合理主義（rationalism）」を含むその派生語にも同じことが言えます。もちろん、これらの言葉はそれ自体に複雑な歴史があり、ここで吟味することはできません。しかし、16世紀に再浮上したこれらの点をめぐる論争はいまなお続いており、現代における権威についての議論のあり方に影響を与えています。

テルトゥリアヌスは2世紀の終わりに、「アテネとエルサレムと何の関係があるのか？」という有名な問いかけをしました。言い換えれば、イエス・キリストにおける神の啓示と、独立した哲学的理性とは何の関係があるのか、ということです。しかしテルトゥリアヌス自身は哲学的に鋭敏なレトリックの名手であるので、このことは人間の理性と思考や言説の明晰さが、どのようにして、またどのレベルでキリスト教の理解に貢献しているかのという疑問を残しています。トマス・アクィナスは、中世最盛期の神学をまとめて偉大な統合を確立しました。学者たちは、彼が神の存在を含め、独立した人間の「理性」によってどの程度までそれを知ることができると信じていたのか議論を続けています。つまり、聖書や伝統（これはもちろん、トマスにとって依然として非常に重要でした）において与えられた特別啓示の恩恵なしに、という意味です。

特別啓示がなくても、どれだけのことを知ることができるのかという問題は、宗教改革初期に再燃し、ルターとエラスムスとの間で激しい対立が起きました。人間の意志と理解力で福音をとらえることができるか、それとも原罪が心を暗くしてしまったために、ある程度の洞察力を持っているとしても、知性が奴隷状態になってしまい、自分ではどうすることもできず、恵みと啓示をつねに必要としているのかという問題です。（行いによらない信仰による義認と、人間本来の能力ではなく、特別啓示によって神を知るという宗教改革の教理との間の平行関係は、さまざまなレベルで重要な意味を持ち続けています）。

宗教改革の第一世代では、この問題が満足のいく形で解決されることはありませんでした。そのおもな理由はおそらく、宗教改革者たち自身が中世の複雑な釈義に対抗して、「聖書の平易な意味」をアピールしていたからですが、何をもって「聖書の平易な意味」というのかという問題は、もちろん理性によって判断すべきものだったからです。

このことは、聖書の「意味」の問題をさらに複雑なものにしています。なぜなら、「平易な意味」という概念は、逆説的なことに、明快さよりも論争のために主張されたからですが、先に述べた「字義的意味」と同じものではないからです。もし、その文章自体が複雑なものであれば、「字義的意味」は、実際にはまったく平易でないかもしれません。「平易」という言葉は必然的に主観的な要素を導入し、「誰にとっての平易か？」という反論を呼び起こしてしまいます。これは、近代世界における「理性」に関して、まもなく直面することになる問題のいくつかを予告するものです。

特にイングランドでは、16世紀後半の論争の中で問題が顕在化しました。スコットランドでそうしたように、イングランドにも一種のカルヴァン主義を持ち込もうとしたピューリタン運動は、聖書のみが権威を持っているのだから、聖書自体によって明確に許可された習慣や儀式のみが、教会の営みの中で認められるべきだと論じました。

これに対してリチャード・フッカー（1554？－1600）は、信仰義認などの宗教改革の基本的な教理を新たに強調しながらも、別の意味でアクィナスや中世のホリスティックな世界観を振り返った理論を展開しました。彼は、すべての現実は自然法に支配されているが、自然法はそれ自体が最高に合理的であり、神ご自身の最高の「理性」に由来するものであり、またその表現である、と主張したのです。彼によれば、ピューリタンたちは、あり得ないほど単純化されたアジェンダに従っていたのです。人間社会は発展し、変化するものであり、あるレベルにおいてそれ自体人間社会である教会は、固定されたものではなく有機的な営みをしているので、適切な形で成長し変化しなければならない、と彼は指摘しました。

そのようにしていく中で、たとえば偉大な信条そのものが否定できない形で示しているように、教会は聖書が明示的に教えていることを必然的に超えていくことになるのです。当時、特に問題となっていた教会政治の方法も、必然的に変化し発展していくことになります。フッカーの「理性」の主張は、それゆえに聖書を過小評価するものでは決してありません。むしろ聖書に基づいた共同体が、暗闇の中で迷いながら前進するというより、聖書に情報を得て、創造主である神にそもそも由来する自然法と調和しながら、理性の光によって前進することで、適切で健全な生活と成長を実現できるようにするためであったのです。聖書は中心であり続けましたが、神から与えられ、聖書から教えられたこの理性によって、聖書の明示的な記述によって必ずしも想定しているわけではなくても、それと一致した方法で教会は発展することができたのです。

この時点でフッカーが「理性」という言葉で何を意味していたのかが、後にこの言葉がよく使われるようになった用法とは違って、よく分かるようになります。宗教改革の多くの皮肉な点の一つは、聖書の個人的解釈の権利を重視したピューリタンの強調が開いた合理主義への道です。それは18世紀以降（高圧的な教会の権威と共に神への献身の要素が取り除かれたとき）、人は自分の運命の主人、自分の魂の船長になることができ、人間の理性だけに導かれて、聖書と教会の教えから自由になれるのだと主張したのです。

フッカーはそのような考えに戦慄したことでしょう。彼にとって「理性」とは、完全で最終的な形でイエス・キリストにおいて明らかにされた唯一のまことの神へと精神を導く、全体的な自然の秩序の一部だったのです。「理性」が完全に独立した情報源であり、それを聖書や伝統に対抗して使うことができるなどという考えは、彼の考え方全体からはありえないことでした。フッカーが残した遺産の一部は、宗教改革の枠組みの中で中世思想の豊かな部分を再利用できるようにしたものでした。聖書を「理性」で判断して欠けがあると判断するのではなく、聖書を読み、解釈する際は、恣意的にではなく、明晰な思考と歴史的判断に基づいてすべきだと主張するホリスティックな世界観だったのです。

もちろんこのことは、宗教改革者の「平易な意味」という概念によって提起されたのと同じ疑問を投げかけているように見えます。つまり、誰の明晰な思考、誰の知識に基づいた歴史的判断なのか、ということです。しかし、この問いは保留にされ、一見中立的に思える「理性」を基準として聖書自体を裁いたり、欠けがあると判断する時代へと私たちを突き進ませることになるのです。

第6章　啓蒙主義の挑戦

私たちは皆、18世紀の啓蒙主義の子、孫、あるいは少なくとも継子であり、その結果として得られた特権に感謝すると同時に、その結果として生じたいくつかの問題に不安を抱くことになります。(もともと西欧と北米の現象であった啓蒙主義の影響を受けていなかった世界の各地域でさえ、貿易、金融、テレビ、観光などの精力的なグローバル化によって、いまでは充分に、そして真に啓蒙主義の領域内に入っています)。いまや啓蒙主義の前提や活動に疑問を呈することが流行となったので、最初に言っておく必要があるのは、啓蒙主義は世界に多くの恩恵をもたらしたことです。

科学技術は驚くべき成果を上げましたが(だれも前近代の歯医者に治療してほしいとは思いません)、同時に大惨事ももたらしました(300年前の技術では、ガス室や原子爆弾を作ることは不可能だったでしょう)。特に、歴史的な問いかけと研究へのこだわりは、キリスト教思想にとって極めて重要な多くの分野に光の洪水をもたらしましたが、この同じこだわりの負の側面は、キリスト教そのものの根幹を削ぎ落とす、合理主義的な懐疑主義であることがほとんどです。

合理主義によって正統的キリスト教を貶《おとし》めようとする啓蒙主義の試み
――「理性」に加えられた新たなひねり

啓蒙主義は（その主要な思想家にヒューム、ヴォルテール、トマス・ジェファーソン、カントなどが含まれます）、実際に、多くの場合、明確に反キリスト教的な運動でした。「近代」（通常、啓蒙主義を意味します）世界で、キリスト者として生きるうえであいまいになる部分は、啓蒙主義の主張のどれを丁寧に退け、どのような手段でどのような挑戦を取り上げ、どのような成果を歓迎し、強化しなければならないのかを取り決め、実行に移すという課題です。

ポストモダニティは、啓蒙主義の世界観の多くに挑戦してきましたが、今日の西洋世界のほとんどの人々、そして他の多くの人々は、世界を見る唯一可能な方法として、いまだに啓蒙主義のいくつかの要素を前提にしています。そのため、必要とされる交渉や作業は必然的に複雑になります。

啓蒙主義は特に、人間が正しく考え、行動することを可能にする中心的な能力として「理性」を主張しました。したがってそれは、人間存在を本来的に理性的で善いものであるとみなしたのです。理性は、宗教的、また神学的主張が維持されるための審判者となるべきものでした（カントの有名な『たんなる理性の限界内の宗教』という著作に注目してください）。このことは、多くの啓蒙思想家が無神論に傾いていたことを意味しています。

神的存在への信仰を保持していた人々は、主流のキリスト教信仰よりも抽象的で非三位一体論的な神論、あるいは単なる理神論（遠く離れた神を認める）に傾いていたのです。このような状況は、人々が聖書を読み、その権威について考える仕方に、いくつかのレベルで大きな影響を与えてきました。過去２００年間に聖書について書かれたことの多くは、啓蒙主義のプログラムを踏襲しているか、それへの反動か、あるいはその間で、ある種の中途半端な折り合いをつけようとしているかのどれかです。

啓蒙主義の世界で聖書を読む

特に、歴史的聖書学の台頭には、少なくとも両刃の側面があるように思われます。第一に、啓蒙主義は当時の教会に対して、２世紀前に宗教改革者が行ったこととそれほど違わない、必要かつ賢明な挑戦を与えました。それは、ずっと後代の教会が言ったことを、聖書はおそらくよりシンプルな形でシンプルに語るだろうと決めつけることなく、そのオリジナルの意味を探求して歴史的に読まなければならない、ということです。

このプログラムは今日まで続いています。たとえば、新約聖書の多くの記述にある「神の子」は、自動的に「三位一体の第二位格」を意味するのではなく、１世紀のユダヤ人にとっては、「神的」というより、むしろメシア的な意味合いを持つ称号だっただろうと広く認められるようになったのは、つい最近のことです（したがって、新約聖書が間違いなく主張する高いキリスト論は、その枠組みの中で理解されるべきです）。

しかし第二に、18世紀以降、啓蒙主義のプロジェクトの中で活動していた何人かの歴史家は、そのような読み方をすることで、実際はキリスト教の中心的主張が損なわれると意図的に主張しました。彼らは、歴史の問題（あることが起こったと書いてあるが、そんなことは起こらなかった）、科学の問題（神が世界を7日間で創造したと書いてあるが、それが長い進化の期間を経て起こったことは自明だ）、道徳の問題（たとえば、神がイスラエル人にカナン人とアマレク人を虐殺するよう命じたと聖書が示すこと）について、聖書に誤りがあると証明できると主張しました。これらはすべて、モダニズム全体の中からキリスト教に対してしかけられた、よくある攻撃の一部です。

これもまた、今日に至るまでつねに継続しています。たとえば、「歴史家として書いている」と称する人が、キリスト教信仰の起源を中立的な視点から検証し、それに欠けがあると発見したという新刊書が出るたびに、そのことが起こっています。出版社はジャーナリストのように、古い啓蒙主義のオルガンで演奏するのが好きなのです。しかしここ数十年の真面目な思想家たちは、何事についても中立的な視点というものは存在しないと気づいて久しいのです。そして聖書学の大部分は、それが必要とするエキサイティングな歴史研究と、教会の主張に対する意図的な武器として、論争的に合理主義的歴史学を使おうとする試みとの間で、過去2世紀ものあいだ平衡状態を保ってきました。

認めざるを得ないことですが、一部の人たちはこの問題から逃避し、「啓蒙主義がなそうとするプロジェクト全体に欠陥があるため、歴史的釈義を放棄して、聖書の意味についてつねに教会が語ってきたことに頼るべきだ」と断言しました。これに対して宗教改革者たちが、特にジャン・カルヴァンが何と言うか、私には分かる気がします。

これらの二つのこと、すなわち歴史的研究と教会に対する武器としての合理主義的歴史学は、プロテスタントの改革者たちとの連続性を主張してきたので、聖書学におけるプロテスタントの中心地では、歴史的研究の必要性と（テクストのどのような読解も、そのオリジナルの意味を明らかにし、ましてや「権威」を主張しようとするならこれは必要です）、それとはまったく異なる、啓蒙主義的な読解の多くに暗黙のうちに含まれている「理性」へのアピールを区別する難しさが、しばしば明らかになりました。後者は、神とより広い世界の全体的な見方の中で釈義が意味をなさなければならないという主張（フッカーのように）ではなく、それ自体が独立した「源泉」としての「理性」に対するアピールだったのです。

その結果、私たちが現在理解している「合理主義」と呼ばれるものが生まれましたが、それには、以前に支持されていたキリスト教の信条を、「時代遅れ」で「前近代的」等々のものとして軽蔑する、還元主義的で多様な懐疑的解釈が伴いました。この軽蔑的態度は、後述するように、啓蒙主義がなそうとするプロジェクト全体に対する攻撃が増えてきているにもかかわらず、いまもなお一般の人々の間でも学者の間でも多く見られるものです。そして、このような侮蔑に直面して「聖書の権威」に残されているのは、聖書が私たちに特定のタイプの宗教的経験へのアクセスを与えてくれ、それを見習うように奨励しているという考えだけであることがほとんどです。

この考え方は、本物で完全で血の通ったものの代用品として非常に軽薄で満足のいかないものであるだけでなく、実際、本質的に不安定なものでもあります。なぜなら新約聖書はもちろん（それが中心的目的ではありませんが）あらゆる種類の「宗教的経験」について証しています。しかしそれらのいくつかは、その著者たちが明らかに承認していないものです。この種のアプローチの受ける報酬は、最近の学者たちがよく示唆しているように、新約聖書の著者自身が排除しようとしている初期の経験を、それがすべて正当化してしまうことにあります。その時点で、「聖書の権威」という言葉は解体されてなくなってしまうのです。

歴史のクライマックスに関する啓蒙主義の代替的見解

啓蒙思想家たちのあからさまな歴史的懐疑の裏には、人類がついに成熟したと同時代の人々を説得しようとする深い動機がありました。ヴォルテールは、すべての歴史は、この理性に基づく新しい文化に向かって進歩する闘争である、と宣言しました。実際、進歩の概念は啓蒙主義の最も永続的な遺産の一つです。

今日の人々が「いまの時代において……」とか、「21世紀に生きる我々は……」などと言うとき、18世紀以来、世界は道徳的、社会的、文化的な合理化による不可避的な運動によって自己を再編成してきたという暗黙の概念を呼び起こしているのです。そこでは、古い規則や信念は置き去りにされるか、保持されるとしても、それが飼い慣らされて理性自体と合致するようにされるのです。世界は新しい時代に入り、いまやすべては一変したと哲学者たちは宣言しました。

このことは、イエスによって開始された神の王国の聖書的概念の世俗的な類似物である、それと競合する独自の終末論を啓蒙主義が提供していたことを意味しています。キリスト教は、神の王国はイエス自身によって、特にその死と復活によって決定的に始まったと宣言していました。しかし、たった一度の歴史的瞬間が1世紀に起こったというこの感覚は、終末論が救いと倫理のシステムに取って代えられたため、キリスト教神学の大部分で沈黙させられていました。その結果、啓蒙主義による「巣の中のカッコウ」〔いるべきでない所にいる存在〕的な動きが容易になり、実際にほとんど気づかれないままでいました。

啓蒙思想家たちが聖書による来るべき王国の概念を軽蔑したのは、この終末論的買収のためであり、その動きは今日も多くの界隈で当たり前のように行なわれています。まずはそれを偽って伝え（「初期のキリスト者は皆、世界がすぐに終わると予想していた」と）、次にそれを破棄するのです（「彼らは突飛な狂信者だったが、間違っていたと証明された」と）。啓蒙思想のさまざまな流派の特徴である（そしていまではほとんどの現代西洋人の精神的、感情的な状況の一部を形成しています）、「我々はいまではもっと良く知っている」というこの態度は、啓蒙思想という代替案《オルタナティヴ》も同じように突飛で狂信的であった事実を偽装していました。それは、世界の歴史はいままでは暗黒と迷信のうちにあったが、（18世紀の西欧と北米で！）決定的な転機を迎え、特に科学技術を通して光の中に出てきた、という考えです。

悪に対する啓蒙主義の新しい見解

啓蒙主義はこのようにして、古典的なユダヤ教やキリスト教で提供されたものと根本的な緊張関係にある、悪の問題の新しい分析と解決策を世界に提供しました。その提案によると、悪の真の問題は、人々が合理的に考え、行動していないことであり、啓蒙主義の合理主義は、彼らにその方法を教え、それを実現するための社会的、政治的条件を作り出すのだ、というのです。啓蒙主義の世界の中で育った聖書学はその流れに乗って、イエス・キリストにおける神のわざを、単なる道徳的教えと模範に還元してしまいました。（今日、人々がまるで新しい洞察を得たかのように、「イエスは本当は偉大な道徳教師にすぎなかったのだ」と宣言するのは驚くべきことです。それはすでに200年前に提案されたものです。当時はあからさまに還元主義的であり、それ以来一度もそれが立証されたことはありません）。

その要点は次のようなことです。もし啓蒙主義による進歩が悪の問題を解決してくれるのであれば、イエスがしなければならなかったのはただ、愛と思いやりがどのようなものであるかを人々に教えて道を示すことだけです。人々が理性的であれば、イエスのその模範に従うだろう。人々がそうしない場合、理性においてより多くの教えを受ける必要がある、というのです。

過去200年間の多くの自称キリスト教思想（自称「聖書的」キリスト教思想を含む）は、これらの声高な主張を黙認し、「神の王国」を「死後の天国への希望」に変え、イエスの死を、せいぜい個々の罪人が赦しを受け、別世界の未来への希望を抱くことのできるメカニズムとして扱いました。そして世界の運営を啓蒙主義の政治家やエコノミストに任せました。（それは結果的に世界をだめにすることになりましたが。ちなみにこの政治的アジェンダはもちろん、啓蒙主義によるプロジェクトの重要部分でした。「神」を二階に追い払い、宗教を個人的な信心の問題とすれば、世界を自分たちの利益のために組織することができるのです。以来、それが西洋世界の基本思想となっています。この新しい哲学は、これまでいくつかの大帝国を支え、恐ろしい巨大な欠陥のある全体主義的なプロジェクトを立ち上げ、現代世界を完全な混乱に陥れてきました。しかしこれらのことについてはまた、別の機会に論じなければなりません）。

一方、聖書自体は、聖俗両面から同じように黙殺されています。「世俗主義者」によって聖書は沈黙の中に押し込められていますが、彼らはそれを、現代とは無関係で歴史的に不正確であるなどといって退けます。そうしなければ聖書は、彼らの帝国主義的な夢想に挑戦してくるので、この反応は予想できます。同様に、あるいはそれ以上に憂慮すべきなのは、多くの敬虔な人々によって、聖書が押しつぶされ、歪められていることです。彼らはその世界的で宇宙的な正義に満ちたメッセージを無視し、個人的敬虔の道具として、また永遠の救いについての真正な教理の源としてのみ扱っています。

世俗的な読み方と敬虔な読み方、そしてこの二つの間で争ってきた学者たちは、本書のプロローグで見たように、私たちが直面している問題を構成する浅薄な読み方を生み出すために結託してきたのです。

近代聖書学の混迷した議論

過去200年間の聖書学研究は、繰り返しそう主張してきたにもかかわらず、決して「中立的」でも「客観的」でもありませんでした。むしろ、現代文化との複雑な対話的関係を楽しんで（あるいはそれによって苦しめられて）いるのです。

特にそれは、ナチス運動や（世界的に有名な『新約聖書神学辞典』を編集し、当時の反ユダヤ主義的ムードに深く関与したゲルハルト・キッテルのような偉大な学者を思い浮かべます）、それへの反動として支持された、W・D・デイヴィスのような学者の仕事に例示されている初期キリスト教の「ユダヤ的」理解のように、この期間のヨーロッパで作用していたさまざまな政治的影響と、この近代聖書学は織り交ぜられてきました。

皮肉なことに、歴史学者の間で「客観性」が主張されてきたために、このようにして近代の聖書学者の業績をそのコンテクストの中に位置づけようとする試みは、あまり注目されてきませんでした。一つだけ確かなことは、かつて大学や神学校で教えられていたような固定された不変の結論に達したと「現代聖書学」が主張することは、もはや不可能だということです。この点は重要です。なぜなら、教会の営みの中で重要な事柄について現在議論している人々の多くがそのような方法で教育されたため、彼らが聖書を読んだり用いたりするやり方は、控えめに言っても、深刻に歪められてしまっているからです。

実際、多くの新しい研究の潮流が示しているように、誰かが新しい角度からの(たとえば、E・P・サンダースの *Jesus and Judaism*『イエスとユダヤ教』[SCM, 1985] のようなイエスに関する新しい本の中で)歴史的証拠に目を向けるだけで、これまで歴史的ではないと考えられていたあらゆる種類のこと(この場合、イスラエルの復興という観点からイエスが自分の使命について理解していたこと)が、突然、中心的な位置に現れ、歴史的に理解可能なだけでなく、説得力のあるものになるのです。

これは、確固たる進歩を歴史が遂げることができないと言っているのではありません。実際、サンダースや彼のような人たちの仕事は、重要な大きな前進の道を提供していると私は考えています。もっとも、私や他の多くの人が示そうとしてきたように、まだ発展と修正を必要としていますが。今日の聖書学者の多くは、自分たちも論敵も、学者とその学問がつねに相互作用するようなコンテクストの中で執筆しているのであり、その業績はそれに応じて判断されなければならないことを認識しているのです。

このような状況の中で、「聖書の権威」に訴えるとはどういうことでしょうか？ この言い回しは時として、「あなた方の学問に災いあれ。我々はただ聖書を信じるのだ」という意味で使われます。この立場はまったく擁護できません。ギリシア語の辞書やそれに基づいた翻訳を提供する学者がいなければ、今日、ほとんどの人は新約聖書を読むことができません。1世紀の世界を説明するための学問がなければ、今日のほとんどの人が聖書を理解できません（そのような解説なしに聖書を［ギリシャ語で］朗読しようとしたり、ましてや解き明かそうとするとき、それが痛いほど明らかになります）。何らかの学問がいつでもその前提とされています。

残念ながら、しばしばこのような抗議が意味するのは、その語り手たちは精神的に目覚めて新しい考え方をしなければならない煩わしさよりも、昔の訓練で暗黙のうちに身につけた、いまでは常識として当たり前のように受け止められている学問を好むということです。そのような古い学問や伝統的な読み方には欠陥があり、補完されなければならないことが何度も何度も明らかにされてきたのにです。

もちろん、今日の学問も明日のそれも同じですが、だからといってそれは、私たちがつねに改善していこうとすることから、聖書をより完全に理解しようとする絶え間ない試みから、私たちを免除するものではありません。私自身の経験では、このような試みは定期的に（特にテクストを深く多面的に理解するという点で測られる）真の進歩をもたらしますし、またそのような努力をするだけでも、ほとんどいつでも、牧会と説教における新しい洞察が得られます。

「聖書の権威」を肯定するとは、「聖書が何を意味するかもう分かっているので、これ以上問題を提起する必要はない」というのではまったくありません。それは各世代の教会が、たとえそれが大切な伝統を断ち切ることを意味するとしても、より完全に聖書を理解し、聖書によって生きるために、新鮮な若返りのための努力をつねにしなければならない、と言っているのです。

これは、問題となっている伝統を「聖書的」であると自称している場合に特に当てはまります。新しい解釈を聞いて、そのようなことがあるのかどうかを確認するために、聖書をもう一度調べてみようとする人たちはつねにいます（使徒17・11）。しかし、どんな新しい提案に対しても、昔からの偉大な説教者や教師たちが、特定の箇所についての意味を述べてきたのだから何も追加することはできないと主張し、何か目新しいことを言おうとする試みさえも、不敬虔あるいは傲慢であると主張する人たちもいます。繰り返しになりますが、このような議論に対してマルティン・ルターが何と言うだろうかは疑う余地がありません。

実際、聖書について新鮮に考えようとする試みを拒否する人々は、しばしば、ある特定の種類のポスト啓蒙主義的な西洋の世界観、つまり「根本主義」の世界観の中に閉じこもっていることが多いのです。その中で、その「聖書的」という彼らの主張にもかかわらず、福音書やパウロにおけるあらゆる種類の事柄をふるいにかけ取り除いています。そのようにして取り除いた特徴には、新約聖書の不可避的に政治的な側面や、（これと無関係ではありませんが）イエスのメシア性が含まれています。（根本主義は通常、「キリスト」という言葉から、1世紀における「メシア」の意味ではなく、まったく別の根拠に基づいて新約聖書で確立したイエスの神性に飛躍します）。

いわゆる近代主義的聖書学の「自由主義」（これは多くの場合、宗教の形式を保持していましたが、その力は否定しました）に対する根本主義からのその種の抗議は、二種類の啓蒙主義的ヴィジョンの間の戦いにすぎないのです。この悲しい二極化に目を向けるとき、唯一見いだせる明るい面は、3、40年前に「リベラル」な立場を学んだ人々が、マントラのようにそれを繰り返すことで、当時と同じようにいまでも「リベラル」で「モダン」だと思い込んでいるという、極端に閉鎖的な精神性に気づかされる皮肉な楽しみしかありません。

「字義的」と「非字義的」

この膠《こう》着状態は、「字義的」解釈派と「非字義的」解釈派の二極化という形で表現されることがあります。これまで見てきたように、「字義的」という言葉は、16世紀の論争で使われていた言葉と大きく異なるものです。現代の意味で「字義的解釈派」を名乗る者は、それによって宗教改革者の支持が得られるなどと考えてはなりません。実際このレッテルは、解釈学上の異なる提言だけでなく、特にアメリカでは、世界観全体を指すようになってきています。このため、「連座制」による暗黙の告発があちこちで繰り返され（「あなたは根っからの字義的解釈主義の根本主義者だ」とか、「あなたは根っからの不信心なリベラルだ」のように）、議論すべきテクストについて真摯に議論することがほとんど不可能になっています。

このような「あれかこれか」の誤った二極化は、深刻な誤解を招きます。その概要においてだけでなく、細かなことまで聖書に従おうとする人がすべて根本主義者というわけではありません。また、北米（およびその他の）リベラルが北米（およびその他の）保守派のうちに見いだすような文化的、知的、道徳的な欠陥をそのような人々すべてが持っているわけでもありません。同様に、新約聖書の教えのいくつかの要素やその現代への適用性に疑問を抱く人の全員が、北米の保守派や伝統主義者が軽蔑する意味での「リベラル」であるわけではありません。

議論の際には、北米の社会的、また文化的な地域政治における両者の、極端で、時には恐ろしく行き過ぎた振る舞いを、もちろん念頭に置いておく必要があります。また、いくつかの問題について「保守的な」キリスト教に熱心な人々が、敵を愛することや経済的正義について聖書に書かれていることを無視し、キリスト教の聖書の最初期の最も優れた解説者、つまり教父たちの多くが、強固な死刑反対論者であったことを忘れがちな奇妙さ（外部の観察者にはそう見えるのですが）にも、同様に留意しなければなりません。

もし字義的解釈の精神を持ちたいのであれば、このような主題に関するテクストを真剣に読もうではありませんか。しかし、現代の文化や社会や政治と共鳴することで、テクストや主題の意味やその妥当性が決定されるようなことがあってはなりません。第二ペトロ3章16節が示すように、聖書の乱用は最初から行われてきたものですが、だからといって聖書が役に立たなくなったとか、聖書の正しい使い方が取り戻せなくなったとかいうことはありません。(これらすべてについて、さらには第5章を参照してください。)

歴史的釈義
――依然として基本だがモダニズムの「確実な結果」を保証するものではない

教会の中で、「近代主義的」聖書学をどのように用いるかという問題は、北米の文化戦争によって悪化してきました。そして北米はいまや、ひと世代前くらいからドイツに代わって聖書学の一大中心地となったのです。しかし、(このことはまだ広く知られていませんが)過去半世紀のあいだに行われた、初期キリスト教のユダヤ的、またギリシア・ローマ的な歴史的・文化的文脈を強調し、探求してきた綿密で慎重な作業を見れば、この問題は大きく異なるものになるはずです。

古い「コンセンサス」の立場の多く(たとえば、パウロはエフェソ書やコロサイ書を書いたはずはない、「ユダヤ的」特徴を持つ福音書の伝統は、ヘレニズム的なものよりも、後から発展したものに違いない、など)は、啓蒙主義の合理主義的なプロテスタンティズムから真っ直ぐに生まれたものです。それらは、特に新約聖書のユダヤ的要素や「初期カトリシズム」を匂わすものをすべて排除しました。教会への適用可能性を考慮することは別として、私たちは学問研究において、それらの全体像のすべての要素を再検討すべき状況に立ち至ったのです。その明らかな一例は、過去30年間のうちにそれをとりまく状況が劇変した史的イエス研究です。

私が「字義的／非字義的」の二極化を批判したからといって、福音書に書かれている出来事が実際に起こったかどうかの問題に無関心であるということではありません。まったく反対です。ただ言いたいのは、無関係なスローガンを繰り返すことによって問題が解決したと夢想することはできない、ということです。

聖書が結局のところ「真理」であることを証明するために、聖書で報告されているすべてのことの史実性を証明しようとする人と、聖書の権威の下で生活することに献身しつつ、聖書自体が実際に何を教えたり強調したりしているかについてオープンな態度を保持している人との間には、大きな隔たりがあります。「聖書が真理であることを証明する」（事実上、多くの場合、「だから私たちはいままでずっと考えてきたことを考え続けることができる」ということです）のと、聖書を真剣に受け止めて、いままで聞いたことがなく、特に聞きたくもなかったことをも、それが教えるにまかせるのと、どちらが重要なのでしょうか？

問題を見直すべきだという提言はもちろん、啓蒙主義的モダニズムを永続させようとする人たちが当然考えるように、前近代的な読み方への回帰の提唱では決してありません。反対にそれは、モダニズムが（それ自体が持っているさまざまな理由から）覚悟していたよりも、さらに真摯な歴史的作業に踏み込むことであるのです。そうするとき、モダニストの批判的研究によって発見された問題や「矛盾」の多くは、異質な世界観をテクストに投影した結果であることが、たびたび見いだされます。

今日、私たちはモダニズムの時代よりもはるかに優れた辞書を手にしていますし、ますます多くの古代文書の新しい版も出版されています。また私たちの大多数にとって扱いきれないほど大量の考古学的、また貨幣学的発見もなされています。私たちはこれらすべての歴史的リソースを感謝しつつ用いるべきです。そうするとき、私が他の場所で論じてきたように、古い「モダニズム」のコンセンサスのかなりの部分が、それがもともとアピールしていた根拠、すなわち本格的な歴史的再構成によって挑戦を受けていることが分かるでしょう。最近のある著作家が指摘しているように、「啓蒙主義の批評家たちは啓蒙主義に敬意を表して、その武器をそれ自体に向けざるをえない」のです（*The Oxford Companion to Philosophy*, ed. T. Honderich『オックスフォード哲学必携』[OUP, 1995], 237 にあるM・J・インウッドの言葉）。

啓蒙主義は歴史に訴えますが、キリスト者はそれを恐れる必要はありません。もし、生ける神が1世紀のパレスチナで生き、死に、よみがえったのが事実ならば、そのような出来事は、聖書の物語によれば、復活したイエスが疑い深いトマスと対峙したときに行ったように、精査の対象となります（ヨハ20・24-29）。そのときにイエスがトマスに言ったように、見ないで信じる方が幸いかもしれません。しかし懐疑論的な質問をした人々に対しては、歴史の中で実際に何が起こったのか、また歴史家自身にふさわしい学問領域の中で、歴史研究に適した、利用可能な種類の「知識」によって、どのようにしてそれを知ることができるのか、キリスト教はそれに答える用意ができていなければなりません。

実際、私はさらに議論を一歩進めてみたいと思います。私たちはこの問題に取り組むことで、聖書が何を言っているかについて、私たち自身の伝統が都合よく除外してきたことがらを発見するかもしれません。おそらく私たちは、宗教を軽蔑する教養人たちのプレッシャーのもとで初めて、私たちが決して放棄すべきではなかった課題、つまり、先人たちよりもさらに優れたやり方で自分たちの土台となるテクストを理解し、それに基づいて生き続けようとする課題に取り掛かることができるのです。まさにこれもまた、聖書の権威によって生きるということの実例なのです。

近代に対するポストモダニティの適切な挑戦 ——必要な是正とニヒリズム的脱構築

すでに示唆したように、モダニズムとその解釈は同時に、ポストモダニズム運動によって異なる種類の攻撃を受けてきました。ポストモダニズムは、テクストや運動の中に潜む、特に過去200年間の権力による利害関係を明らかにすることによって、イデオロギー的な挑戦を継続的に行ってきました。その挑戦は、多くの古代や近代のテクストだけでなく、モダニズムそのもの、特に啓蒙主義の成果を基盤とした西欧世界の経済的・文化的な覇権主義に対して向けられたのです。私たちは、フェミニスト的、ポストホロコースト的、民族的、ポストコロニアル的など、聖書テクストに関するあらゆる種類の新しい読み方を目にしてきました。これらすべては、「恐怖のテクスト」、すなわち抑圧やさらに悪い目的に使われる武器として用いられてきた、またある人々の示唆によると、そのように用いられることが意図された聖書箇所を見いだしたのです。

明らかな例として、マタイによる福音書27章25節の「その人の血は私たちや私たちの子どもらの上に」という民衆の叫びがあります。これはメル・ギブソン監督の映画『パッション』の制作とそれについての議論において騒ぎを起こした中心となりました。脱構築主義的な読み方のもう一つ有名なのは、マルコによる福音書によるヘロデ・アンティパスの描写（同6・17-29）の分析です。そこでヘロデは洗礼者ヨハネの死についてほとんど責任がなく、誘惑的な継娘と策略家の妻の無力な犠牲者だったという、典型的な「男性」の視点が反映されているとされています。

時々テクストは、新たな政治的出来事のために、歓迎しにくい新たな意味を獲得します。パレスチナに住む現代のキリスト者にとって、敵に対してイスラエルが軍事的勝利を収めるたことを語る詩編を歌うのが難しい、あるいは不可能だと感じるのは（衝撃的ではありますが）、おそらく避けられないでしょう。

このような脱構築的な読解は、そのように意図されたかどうかにかかわらず、テクストがどのようにして聴かれ得るかを指摘することで私たちに奉仕してきた、と多くの人は結論づけるでしょう。それらはまた、暗黙のうちに前提とされている正典から特定のテクストを削除し（この点で単にモダニズムの合理主義の力を補強していることになります）、時にはそこに含めるべき代替候補を提言する効果をもたらしてきました。いくつかのケースでは、ポストモダンの西洋世界の新しく高度に独善的な批判的性質において許しがたいイデオロギー的罪と見なされた書巻全体が使用不可能にされてしまいます。

テクストの標準的な読み方を脱構築することは、必ずしも否定的で破壊的なことではありません。それは私たちに衝撃を与えて居心地の良い中途半端な真実から抜け出させ、これまで注意を向けてこなかったテクストの中にある本当のものに目を向けさせる効果があるかもしれません。しかし脱構築は、かなり明確なかたちで、テクスト全体に対して警告のサイン（「危険！イデオロギー的偏見あり！」）を出すためによく用いられてきたのです。

このように、ポストモダニティが現代西洋の聖書の読み方に与える影響は、この運動の他の多くの要素と同様、本質的に否定的なものです。ポストモダニティは、キリスト教の終末論的な主張と悪の問題に対するその解決策の両方を軽蔑するという点ではモダニティと一致していますが、代わりのものを提供することはありません。もしポストモダニティのなすがままにするなら、私たちが聖書を用いてできることは、私たちも気持ちよくさせてくれるテクストと戯れたり、私たちや私たちが（通常は選択的な）同情を寄せる他者に苦痛を与えるテクストに対して警告を発することしかありません。これは、西洋の教会のかなりの部分が現在置かれている状況です。

ポストモダニティは現在のところ、西洋文化の中での「正しいと感じるもの」であり、表だって挑戦を受けるために自らをオープンにすることはありません。この立場が通常明示されず、ただ前提されている事実は、それをいっそう強化しています。実際、それに対する挑戦がいつも決まって近代や近代以前に戻ろうとする試みとして却下されるということは、次のような痛烈な皮肉となっています。つまり、すべてのイデオロギーは権力闘争であるというイデオロギーは、自分の立場を維持するために受けるあらゆる挑戦を、ア・プリオリに退けなければならないということです。

このようにして、多くの近代的、またポストモダン的な批判を受けた教会は、神学校や大学で何年にもわたって資金を投入して研究を続けたあげく、イエスや初期のキリスト者が思い描いていたような方法で聖書を用いることができなくなってしまいました。これが、北大西洋の両側やその他の地域にある、いわゆる多くの主流派の多くの教会の中心に聖書的空白がある理由なのです。そしてこれが、聖書の権威をめぐって私たちが罵声を浴びせ合うようになった理由なのです。
でも、もっと良い方法があるとしたらどうでしょうか？

ポストモダニティの無力さ

根本主義者がしたように、単にア・プリオリな議論（「聖書にはこう書いてある……」）に訴えるだけでは、この問題を回避することはできません。しかし、文化運動のレベルでは、モダニズムの中にある暗黙の文化帝国主義と（それはポストモダニズム自身が暴露したものですが、ポストモダニストだけがそこで起こっていることを本当に認識できるという暗黙の主張によって、別の意味でそれは永続化しています）、ポストモダニズムによる批判が文化帝国主義に対して事実上無力であるという両方に注意しなければなりません。

ニコラス・ボイルが指摘しているように（*Who Are We Now?*『いま私たちは何者か?』[T&T Clark, 1998]）、脱構築が達成するのはニヒリズムであり、その唯一の安心はテクストから快楽を引き出し、世界の残りの部分を気にもとめずに手放してしまうという、一種の解釈学的ナルシシズムでしかありません。それは現実の悪に対してうまく挑戦することはできません。なぜなら、すべての挑戦それ自体が、挑戦者に隠された動機まで脱構築してしまうからであり、それによって聖書自体が根源的な悪との無言の共犯関係に陥ってしまうからです。

したがって、マルコによる福音書の物語の中に「男性的」偏りがあることを指摘し、マルコのプロジェクト全体を道徳的に中傷することによって、イエスの死と復活を通して神の王国が侵入するというその物語が、ユダヤ人のメシアを殺害した兵士を擁する異教の帝国に対する非常に深い政治的・神学的批判を構成しているということを見落としかねません（たとえば、マコ10・42–45参照）。

もう一つの例として時折なされるように、エフェソ書とコロサイ書の家庭訓が、明らかに「家父長的」であるために、今日、これらの書は使えないという提言がなされることがあります。それは、教会が刷新され一つにされた神の民であり、その存在自体が異教の宗教と帝国に対する応答不可能で強力な挑戦を提供しているというヴィジョンをそこに聞いていないことを意味しています（ブライアン・ウォルシュとシルヴィア・キースマートの新著 *Colossians Remixed*『コロサイ書リミックス』[Paternoster, 2005] を参照）。

これから提案するように、ナラティヴ的で「批判的実在論」的な聖書の読み方は、ポストモダンの泥沼を抜けて向こう側に出る方法を提供します。この課題は、現代の強大な世界帝国が経済的、政治的、軍事的、文化的な意思を世界に押し付けようとしている一方、今日の「文化戦争」における急進的な立場の支持者たちがそれを止められないでいるため、より緊急性が高くなっているように思われます。

「経験」については？

今日、人々が教会の中で「権威」について語るとき、いつでも「経験」を代弁して訴えます。実際、公の定式において一度も受け入れられたことがなかったのに、いまでは多くの教会指導者たちが、おなじみの三脚の椅子に同じようなもう一本の足を付け加えて改良したかのように、「聖書、伝統、理性、経験」について語るようになりました。

そのおもな歴史的情報源となったのは、ジョン・ウェスレーの思想において「経験」が強調されたことを、後の何人かの著者が解釈したことにあります。実際、「ウェスレーの四辺形」という言葉を口にする人もいますが、ウェスレー自身はこの言葉を使ったことは一度もありませんでした。ウェスレー自身にとっては、聖書が第一の権威であり続けました。

彼が主張した「経験」とは、神の愛と聖霊の力を生き生きと体験することであり、それによって、聖書の述べたことが、信徒の生活の中で真実であると証明されるようなものでした。「経験」を、聖書そのものと別個の権威の源泉として捉えて聖書に対抗させるのは、まったく違法な使い方ですが、いまや神学界のいたるところで、そのような動きが頻繁に、ほとんど日常的に行われています（「聖書は言う……伝統は言う……理性は言う……しかし経験は言う……だから私たちはそれに従う」）。

時折、まるで初期の教会について、そしてじつに新約聖書について本当に「規範的」なことは、

「初期キリスト教の経験」と呼ばれるものについての証しであるかのように、この問題が初期キリスト教の研究に持ち込まれることがあります。これはモダニストとポストモダニストの両方の意図に完全に沿ったものですが、私はこれは誤解を招くものだと考えています。３本脚の椅子に４本目の脚を加えると、不安定になることがよくあるのです。

実際、そもそも「聖書・伝統・理性」は、決して同じ種類のものではありませんでした。３本の脚がそろった椅子のイメージ自体が、誤解を招くものなのです。それらは、リンゴ、ナシ、オレンジのようなものではなく、リンゴ、象、ねじ回しのようなものです。

これまで見てきたように、アクィナスからフッカーを経て現代の多くの著作家たちに至る長い伝統に連なる神学者たちは、「伝統」とは、教会が聖書を考察する際に語ったことの遺産であり、「理性」とは、そのような考察をナンセンスなでたらめから救い、神と世界についてのホリスティックな見解に統合する言説のルールであると主張してきました。しかしこれもまた物語の一部に過ぎず、教会の物語が保証する以上に、「伝統」と「理性」がより強固で固定された形式であることを意味するかもしれないのです。

イメージを変えると、聖書、伝統、そして理性は、それぞれ重要な問いへの答えを求めて物色できる３つの異なる本棚のようなものではない、ということです。むしろ、聖書が本棚であり、伝統とは、家の中の人々がその本棚から何を読んで理解したか（あるいはおそらく誤解したか）の記憶であり、理性とは、人々が読んだものを意味づけるために身につける眼鏡のセットなのです——ただし困ったことにその眼鏡は時代とともに変わってきますし、読者の中には自分の手に入る「理性」(という眼鏡)を使い、読んでいるテクストをひどく歪めてしまった形跡があるのですが。「経験」とは、さらに別のもので、読んだものが読者に与える影響や、そのような読書の環境となる世界観、人生経験、政治的状況などを指しています。

「経験」が最終的な裁定者になってしまうなら、その結果、混沌とした状況が生じるので、そのことは——「経験」的に!——分かります。公式の統計からも、逸話的にも、キリスト教徒の「経験」は——ついでに言えばそれ以外のすべての人のものでも同じですが——つねに、そして必然的に、いくつかの同時多発的で相容れない物語を生み出します。

「権威」として充分安定した根拠を提供する概念として「経験」は、あまりにも不安定なものです。ただし、士師記が皮肉を込めて言うように、「権威」という言葉が自分の目に良いと見えることを各自が行うということなら話は別ですが。もちろんそれは権威がまったくないことを意味しています。実際、「経験」の強調は、現在、西洋世界全体で見られるようになった無政府状態に近い、多元主義の形態に大きく貢献してきました。

しかし、論じるべきもっと深い問題、つまり論理的な問題があります。聖書の読解が権威を行使するのは、まさにキリスト者や教会の「経験」そのものに対して、またそのコンテクストの中でなのです。そもそも「権威」が必要とされるのは、まさに「経験」は流動的で不可解であり、敬虔なキリスト者を含むすべての人間が、彼らの伝統や推論を含め、深刻で重層的な自己欺瞞の餌食となっているからなのです（エレミヤが嘆いたように、心は何にも増して偽るものです〔17・9〕）。これもまた、「経験」によって私たちが発見するおもなことの一つです！

したがって、「経験」を権威として語ることは、「権威」という言葉自体が解体されつつあり、いまや昔ながらの硬直した意味における「裁判所」としての機能も、より聖書的な意味における「神がその王国を確立する力を行使するときに用いるもの」という機能も果たせなくなってしまっていると認めることです。このような解体――偶像崇拝的な世界に対する神からの挑戦を黙らせること――は、啓蒙主義の主要な（反キリスト教的な）目的の一つでしたが、ポストモダニティの中で別の形で継続されています。

もし「経験」それ自体が権威の源泉であるならば、私たちはもはや自分自身を超えたところから来る言葉による語りかけを受けることはできません。この時点で、神学もキリスト教的生活も、神自身に根ざしたものでなくなり、代わりに自分自身に根ざしたものになってしまいます。言い換えればそれは、神の真理を人間の作った嘘と取り替える偶像礼拝の一形態になってしまうのです。

このようなものは、人気のあるグノーシス主義の現代版に見られるもので、そこでの最高の宗教的善は自己発見であり、それによって発見された自己に対して「真実」であるべきだとされます。しかし、そのような原則（いまではポストモダニティによって根本から挑戦されていますが、関連する議論でそのことに気づいている人はほとんどいません）を、現在主張されているような最高の地位にまで高めることは、正統派キリスト教のすべての既知の形態から大きく道を踏み外すことになります。

「経験」とコンテクスト

「経験」に訴えることの肯定的な強みは、私たちが聖書に耳を傾ける文脈という観点からずっとうまく表現できます。すべての知識において必要な主観的な柱としての経験とは、私たちが神の言葉を聞き、神の愛を知り、神の知恵を理解する際に立つ場です。

キリスト者が自分の生活の中で神の力と愛を「経験」することはきわめて重要です。それは、人間がイメージの担い手ではなく単なる記号であるかのように「神の権威」を単純に機械的に適用することでは決してありません。そして、私たちの中にも世界の中にも悪が存在するという（啓蒙主義が軽視しようとした）問題があるからこそ、私たちはその場、その主観性の中で語られ、挑戦される必要があるのであって、単に「私たちはありのままでいい」と知らされるわけではないのです。

次のように言い換えることができます。「経験」とは、庭の中にひとりでに生えてくる植物のようなものです。「権威」とは、庭師が雑草を根こそぎ取り除くことによって本物の花や野菜のすばらしさを支持し、混沌や茨やアザミよりその美しさと繁栄が勝るようにしようとするとき起こるものです。過度に権威主義的な教会は、経験に注意を払わず、庭にコンクリートを敷き詰めることで問題を解決します。過度に経験を重視する教会は、何でも伸び放題にすることでコンクリート（つまり厳格で「人を裁く」信仰形態のこと）の（現実の、あるいは想像上の）問題を解決します。彼らはコンクリートを「律法」と名付け、どんな雑草でも「恵み」として称賛することがあります。

神が私たちをご自分のかたちに基づいて創造されたものとして肯定しておられること、そしてそれが意味することのすべてはつねに次の二つを含みます。私たちが偶像崇拝によってそのかたちを歪めていることに対する神からの挑戦と、イエスによって確立された新しい契約によりすでに開始され、いつか完成する新創造の一部として私たちを赦し、作り直すという神の約束です。

もちろん（私たちは自己欺瞞《ぎまん》に陥りやすいので）、福音の中の神の恵みの言葉によって、また神のかたちに似せて造られた私たちを神が再肯定してくださっていることによって、実際には偶像崇拝的で歪んだ人間性であるものを正当化していないかどうか、つねに聖書と照らし合わせてチェックする必要があります。私たちの共同体や個人の生活の中で聖書を神の裁きと癒やしの権威の器とすることによって、私たちが神による肯定を真に「体験」するとき、私たちは神に知られているように自己を知ることができるでしょう。

第7章　聖書の誤読

このような複雑な文化的背景の中で、聖書を信じる者と、少なくとも聖書の伝統との連続性を主張しながら、「聖書信者」というレッテルから距離を置く者との間で、あらゆる種類の聖書の誤読が生じてきたことは驚くに値しません。これらの誤読の多くは、現在では教会の大部分で当たり前のように行われるほど、ありふれたものになっています。

誤解を招くような二極化を助長する危険を承知のうえで、二つのブロックに分けて例証してみましょう。以後に挙げるのは短いリストですが、もっと多くの例を見つけることができます。戯画化してしまう明らかなリスクを認識しつつも、紙幅の都合上、ここでは簡潔にまとめています。もちろん、それぞれのカテゴリーについて、もっと長い時間をかけて説明し、例示することができます。

「右派」による聖書の誤読

最初に、通常「右寄り」と考えられている多くの立場を私は提示しますが、これらは聖書の深刻な誤読に基づいているか、あるいはそれを含んでいます。

A　第一テサロニケ書4章のあからさまに二元論的な「携挙」の読み方（露骨に右翼的なアメリカの『レフト・ビハインド』シリーズのように、非常に人気がある）。これは皮肉にも次の（B）と密接な共生関係にあります。

B　聖書の約束に対する明らかに唯物論的な「繁栄の福音」という理解。

C　奴隷制の支持。（聖書は、根絶困難な制度を人間化しようといつも苦闘しています。出エジプトのナラティヴを強調することにより、奴隷を自由にした神の中心的ストーリー［controlling story］につねに訴えています。時には、たとえばフィレモン書のように、体制全体の中に時限爆弾をしかけることもあります。）

D　西洋文化の多くに蔓延《まん》している人種差別。（ネオアパルトヘイトのグループは、人種差別的イデオロギーをいまも聖書に基礎づけようとしています。）

E　旧約聖書と新約聖書の区別を無視した読み方。これはもちろん、次の（F）と共生しています。

F　正典の中にある暗黙の正典を、[*] それと認識せずに恣意的に選択してしまうこと。（動物の犠牲を捧げたり、豚肉や貝類などを拒否したりするキリスト者はほとんどいませんが、その理由を知っている人はほとんどいません。性的違反に関しては厳格なのに、怒りや暴力に対してはそうでない教会もあれば、逆の教会もあります。聖書で繰り返し高利貸しが禁止されていることに気づく人は、今日、ほとんどいません。）

G　（たとえば申命記の解釈の一つである）「新しいイスラエル」の観念を、啓蒙主義のさまざまなプロジェクトに適用すること。（アメリカ合衆国は明らかな例です。興味深いことに、同じイデオロギーのフランス系ローマ・カトリック版を、カナダのケベック州に見出すことができます）。

H　死刑制度の支持。（これは初期の教父の多くによって反対されました。）

I　「宗教的」な意味を発見し、「政治的」な意味を排除することで、しばしば暗黙のうちに社会の現状を支持すること。いくつかの文化では、これは前記の（A）と仲良く共存しています。

J　ユダヤ的側面をすべて排除したパウロ書簡全般の読み方。特にローマ書。ユダヤ的側面なしにローマ書は意味をなしません。これは次の（K）としばしば共生関係にあります。

K　聖書の預言の成就として、現代のイスラエル国家を「聖書的」に支持しようとする試み。

L　文脈と解釈学への全面的無関心。

＊　聖書の中のある部分を、他の部分より重要であると見なす考え方を「正典の中の正典」という。

残念ながら、これらの多くはいわゆる「保守的」なキリスト教を特徴づけています。多くの「リベラル」なキリスト教はこれを見て、他の面でも論争をしているサブカルチャーと正当にも関連づけ、自分たちを、それに明確に反対する立場として定義しています(「聖書を根本主義から解放する」など)。

「左派」による聖書の誤読

前述のリストは、「左寄り」と考えられている立場の人々が同じように日常的に行っている誤読でバランスを取ることができます。

A 「客観性」や、テクストの「中立的」な読み方の主張(古典的なモダニズムの立場)。
B 現代史や科学が、聖書を「反証」したり、聖書の中心的な主張を、不要であるか望ましくない、あるいは信じられないものにしてしまったという主張。
C 「文化的相対性」の主張。「聖書は異なる文化から生まれた古い書物なので、現代世界では真面目に受け取ることはできない」とすること。
D 歴史の合理主義的な書き換え。これは、啓蒙主義が証明しようとしてもできないでいること(たとえば、イエスの物語のいくつかの側面は「起こったはずがない」等)を、確固たる出発点とする仮定。

E　啓蒙主義が生み出したかに見える一般化された「原則」（たとえば「寛容さ」や「包括性」）に訴えることによって、特定の、そして頻繁に繰り返される聖書の教えを相対化しようとする試み。イエスが寛容にもザアカイと昼食に行ったとき（ルカ19・1–10）、人々はショックを受けましたが、ザアカイは変えられたことに注意してください。また、姦淫の現場で捉えられた女性を「受け入れ」、独善的な批判者たちに赤恥をかかせたとき（ヨハ8・1–11）、イエスは彼女に、もう罪を犯さないようにと言っています。

F　ある主題に関する聖書の教えを戯画化することで、他の主題についての教えを無視する。（聖書は前時代的であると）繰り返しなされる主張にもかかわらず、新約聖書は確かに、特定の状況下で離婚を認めています。それは、女性を使徒や執事として、また礼拝の指導者として想定しています。それは確かに奴隷制を人間的なものにし、さらにそれに挑戦しようと最善を尽くしています（前述の「右派」による誤読のCを参照）。

G　「宗教的」なものを排除して「政治的」な意味を見出す。多くの場合、前者の解釈によって力が解き放たれなければ、単なる掛け声倒れに終わり、自分の道徳的な洞察力と優越感（「主よ、私は政治に関わらない敬虔主義者たちのようでないことを感謝します」）によって、誤った慰めを信仰者に提供するだけで、実際の変化を世界にもたらすことがないのに気づかないでいます。

H　新約聖書が旧約聖書をかなり恣意的に、あるいは不当に使用したという提言。時として私たちが見てきたように、私たちも同じように新約聖書を使用できるし、使用すべきであるという結論が導き出されることがあります。標準的な例としては、マタイによるホセア書の使用（2・15）や、パウロによる「子孫（直訳は「種」）」のモチーフの使用（ガラ3・16）などがあります。実際、この両方の例は、モダニズムの時代の多くのプロテスタントの学者にとって不可解なままだったイエスとイスラエルのつながりに依存しています。しかしこのことは、新約聖書が旧約聖書のテーマやナラティヴを用いていることに注目してきた研究の中で、現在ではほぼ定説となっています。

I　新約聖書の記者たちは、自分たちが「聖書」を書いていると思っていなかったので、そのようなものとして彼らの言葉にアピールすることは、それだけで暴力を振るうことになるという主張（78-79頁参照）。

J　教会が正典を厳密に定めるのに時間がかかった（そしてそれに関する議論に、政治的なものなど、神学的でない要素も含まれていた）と指摘し、それによって正典の信用を失墜させ、明確に世界観が異なる他の書物（たとえば、『トマスによる福音書』）を優先するための議論として利用すること。時には皮肉にも、非正典文書は早い年代に成立したという、新実証主義的な主張にこの優先傾向を投影することもあります（93-96頁を参照）

K　「コンテクスト」という魔法の言葉をつぶやくことで、まるでテクストの意味と妥当性を独り占めしているかのような、「コンテクストに基づく読み方」への皮相的でしかない アピール。
L 一方で「真理」を「科学的」な記述に還元し、他方でそれを完全に脱構築しようとする試み。

残念ながらこれらの多くは、いわゆる「リベラル」な聖書の読み方を特徴づけています。西洋の主流派教会や神学校では、これらのことはすべて現代の学問の成果として確証済みだと、当たり前のように思い込み、教えてきました。そして、そのどのような点でも異議を唱えようとするどんな試みも、反知性主義的な近代以前への回帰を示している、というのです。それは、異議を唱える人の地位や信頼性、そしておそらく給料を危険にさらします。

その結果生じたのは、聖書が何であり、何を教えているかに対する著しい無知であり、真摯な成熟したキリスト教的方法で聖書を用いる能力の欠如でした。そしてもちろんそれは、「保守的」キリスト者たちによる反動を生み出しました。保守派はこの状況を見て、他の面でも論争をしている文化的・社会的要素と正当にも結びつけ、それに反対する立場として自己を明確に規定したのです。

議論の二極化、そして歴史に根ざした神の王国を志向する新鮮な釈義の必要性

現在の議論の二極化状態は、特に北米をはじめとする西洋文化に条件づけられた「聖書戦争」というルーツから生じています。そして、このような文脈の中で、聖書の読み方のすべては解釈の問題である、という発言をよく耳にします。そこには、ある人の解釈は他の人の解釈と同じくらい優れているという意味合いが込められています。もちろんこれは、テクストなどというものは存在せず、解釈だけが存在する、なぜなら私がテクストを読むとき、それはあなたがテクストを読むときにそれが「なる」ものとは違うものに「なる」からだ（ハイゼンベルクの不確定性原理を想起せよ）という、古典的なポストモダンの立場を言い換えただけです。

これには明らかに欠陥があります。しかし「批判的実在論」による読み方なら、ポストモダンからの批判を完全に考慮したとしても、真の意味での歴史的理解を再び強力に擁護することができますし、（私自身も含め）多くの人がそうしようとしてきました。私はこのことを『新約聖書と神の民』の第二部で説明しました。私たちは、そんな問いなど存在しないかのように古い主張を繰り返したり、問いの前に屈服したりすることなく問いに耳を傾け、それを解決するための努力をしなければなりません。真の歴史研究は、聖書記者たちが正確に何を言おうとしていたのかをより完全に発見するための、いまなお適切なツールなのです。

確かに私たちは、過去に対してアクセスすることができます。当然のことながら、私たちは

自分の目を通してそれを見ており、あるものには気づき、他のものには気づかないよう文化的に条件づけられています。しかし、私たちの目はたしかにいろいろなものに気づきますし、他の視点から見ている他の人々との会話をオープンにしておくなら、実際に何が起こったかを多かれ少なかれ知ることのできる、真の、幻想でないチャンスを得るのです。

古代文書のある読み方が、他の読み方より歴史的に好ましいと断言することは可能です。(したがってたとえば、マルコによる福音書が、本当はアルコール依存症からの回復についてのものであると主張する本は「本当にそのような本があります」、当時のユダヤ人とローマ人の権力闘争の中にその著作を新たに位置づけ、それから今日の宗教と帝国の世界を理解し、同じ福音によってそれに対処しようとする本のようには、テクストの核心に近づけません。そう判断するための、ただ主観的なだけではない真摯な方法があるのです)。真の歴史は可能であり、真の歴史家はつねにそれを行っています。本物の歴史学による規範によって厳密に評価される、歴史的に本物の新鮮な聖書の読み方は、新鮮な洞察をもたらすことができます。そして実際そうしているのです。

このように述べたからといって、それはある人々がよく提言する啓蒙主義のイデオロギーへの屈服ではありません。特定の時代の建築家がみな不適切な設計と材料を使ったからといって、それらの建築そのものを放棄してテントで暮らすべきだ、という理由にはなりません。歴史は――「過去に起こった出来事」という意味でも、「過去に起こった出来事に関する私たちの研究」という意味でも――神の世界の一部であり、適切な道具を使って精査されるべきものです。

真の歴史は真の神学と統合される必要があり、そのこと自体が（受肉のゆえに）、歴史家の任務の緊急性と妥当性を強化することになります。このような手段を用いて、今日のイデオロギー的な議論を突破することができなければ、解決はおろか、いかなる明解な知識をも得ることは望めません。そしてそのようにしなければ、聖書に合致して、ましてや聖書の権威のもとに生きるという主張すらできないのです。

幸いなことに、本書の分析で示そうと試みてきたように、モダニズムとポストモダニズムの両者における二極化は、聖書、キリスト教の伝統、そして理性というバランスの中で秤《はかり》にかけられることで、その欠陥に気づくことができます。右派、左派という種類の誤読に対する救済策は――そしてポストモダニズムからの批判を通過して反対側に出るための方法は――複雑ですが急を要します。その救済策が次章の主題です。

第8章　正道に戻るには

「聖書の権威」という、濃密で複雑な言葉についての統合された見解を持つべき、差し迫った必要があります。そのような統合された見解は、変容をもたらす主体としての聖霊の強力な役割を強調する必要があります。それは、天におけるのと同様にイエスが地上で発足させ、いつの日か同じ基準で完成に至る神の王国という目標を中心に据える必要があります。それは、その営みの中心において、教会を想定しなければなりません。特に、権限を与えられた指導者たちの働きによって、祈りをもって聖書に耳を傾け、労苦しながら聖書と格闘し、謙遜に聖書に従い、力強く聖書を宣べ伝えることで特徴づけられた教会です。以下のセクションは、この主題についての提案です。

神と聖書と教会の使命

これまでの私の議論の全体は、次のような大きな結論につながります。「聖書の権威」という短縮された表現を紐《ひも》解いてみると、次のことが分かります。宇宙全体に対する神の主権と救いの計画が、イエスご自身によって劇的に開始され、まさに聖書を読む共同体としての教会の聖霊に導かれた営みを通して、現在実行されているのです。ここにある「読む」という言葉自体が、これから立ち戻ることになる複合的な課題の略語です。

しかし私が強調したいのは、私たちが教会の形と内面生活がどうあるべきかを見出すのは、まず教会の使命を認識することによります。また、教会の使命とは何かを発見するのは、たとえば創世記1-2章、12章、イザヤ書40-55章、ローマ書8章、第一コリント書15章、エフェソ書1章、黙示録21-22章に示されているような、全世界に対する神の目的を何よりも認識することによる、ということです。私たちが聖書を読むのは、私たち自身がその登場人物である物語についての記憶と理解を新たにするためです。そして物語がどこから来てどこへ行くのか、そしてその中で、私たち自身がどのような役割を果たすべきなのかを思い起こすためです。

すなわち教会が福音のために、つまりイエス・キリストにあって生ける神が悪の力を打ち破り、新たな創造のわざを始められたという良い知らせのために世界に出ていって働くとき、「聖書の権威」が最も真実に発揮されるのです。教会が、カエサルではなく、イエスが主であるとの確信のもとに世界に出ていって働くことができるのは――新聞や最新の政治的手段や計画ではなく――聖書をその手と頭と心に携えて出ていくときです。聖書の中で称賛されている知恵（たとえばコロ4・5-6、一ペト3・15）自体、私たちがこの仕事にとりかかるのは、単に聖書が何を言っているかを人々に語ることによるのではない、ということを示唆しています。

聖霊の力と知恵において、私たちは福音の優先度と、それがどのようにして要塞を打ち倒すために働くか（二コリ10・3―6）を理解しなければなりません。さらに特定のコンテクストや状況に対応して、世界を愚かさと抑圧と邪悪さから救いたいと願っておられる神の挑戦を、自分自身のために明確に説明できるようにしなければなりません。このように、聖書の権威は教会の心を形成し、イエスの復活を実行に移します。したがってそれは、神がすべてのものを刷新し、正義と喜びと平和が勝利する日（エフェ1・3―23）を待ち望んで働く私たちの決意を固くするうえで、最も有利に働くと考えられています。

この中で聖書は、個々の人間に対して挑戦する福音と関連して、より具体的な役割を果たしています。個々の人間を個人的信仰に至らせ、したがって、新約聖書で何度も語られている、人生の根本的な変革を体験させる福音は、たったいま述べたばかりの、より大きな挑戦を個人に適用したものなのです。それは、すべての子ども、女性、男性が、十字架につけられ、よみがえられたイエスの主権に信仰をもって服従し、バプテスマを受け、キリストの体の一員となることによって、最終的な新創造に対する、生き生きと息づく期待そのものになるようにとの呼びかけです（ガラ6・15、二コリ5・17参照）。

この目的を達成するために、福音のメッセージを通して作用する神の力は、これまで見たように、聖霊の力と、語られたり書かれたりする言葉を通していつも解き放たれています。そして、キリスト教の宣教の歴史全体を通して、その言葉とは、読まれ、説教され、説明され、適用される聖書の言葉なのです。「聖書の権威」とは特に、聖書を通してイエスを啓示し、人生を変える力をもって人々の心に語りかけ、聖霊の癒やしの愛によって人々を変えていく神のわざを指しています。

これは、一人だけで聖書を読む「無人島」のような状況で起こることもありますが、聖書そのものを翻訳して出版した人から（たとえ無人島でも人は他人に頼っているのです！）、使徒言行録8章のエチオピアの宦官と一緒にいたフィリポのように、他の人が聖書を理解し、自分の生活に適用できるように援助する人までを含む、神の民の働きを通して起こるのです。

このように、「聖書の権威」とは、宇宙的なものから政治的、個人的なものまで、あらゆるレベルでなされる神の王国の働きの中で意味を持つものです。このすべてを包括する権威を第一に考えて初めて、教会が神の使命の手段となるために教会自身の営みを整えるという意味で、また、生活のすべての領域において神の権威の下で生きるという、すべてのキリスト者への挑戦という意味で、この表現が何を意味しているかを見出すことができるでしょう。

これがどのように機能するかを探求するためには、まず伝統と理性が引き続き占めている場に目を向けることによって、それにアプローチしなければなりません。

伝統の場——これまでなされた読み方との対話に生きる

前のセクションで素描したように、この世界における神から与えられた教会の使命の中での聖書の役割があるとしたら、教会はどのように自分の営みをそこで秩序づけるのでしょうか？ここでは、聖書の権威（すなわち、聖書を通して行使される神の権威）が実際にどのように機能するのか、その実際の仕組みについて考えてみたいと思います。しかしまず最初に、伝統の役割についていくつか考察します。

伝統に注意を払うということは、過去に教会がどのように聖書を読み、生きてきたかに注意深く（謙虚に、しかし無批判にではなく）耳を傾けることを意味します。栄誉ある先人たちに最終的な発言権を与えたり、彼らを聖書そのものから独立した「代わりの情報源」にしたりせずに、「聖徒の交わり」における自分たちの責任をつねに意識しなければなりません。先人たちが異口同音に語っていても、私たちは注意深く耳を傾けるべきです。彼らが間違っているかもしれないからです。実際、時には間違いも犯します。

しかし、彼らを無視するのは危険です。究極的に言えば、教会史の研究は、聖書をキリスト教的に注意深く読むことと関係ない「主題」ではありません。教会史の中で、どの時代も、どの重要人物も、その後の聖書の読み方に痕跡を残してきました。私たちがこのことに無自覚であればあるほど、なぜ自分たちがあれやこれやのテクストの読み方を「自然に」感じるのか理解できなくなります。

このような、伝統と共に生き、伝統の光のもとに聖書を読むというプロセスは、最初期のキリスト教自体から始まりました。「キリストが、聖書に書いてあるとおり私たちの罪のために死んだ」〔一コリ15・3〕と誰かが言うやいなや（ルカ24章によると、イエス自身もそれに近いことを言っています）、その主張を聞いて熟考した人々は、それからというもの、この新しい宣言に照らして聖書を読まざるをえなくなりました。パウロは時おり、彼自身が注意深く継承したごく初期の伝統について語っています（一コリ11・23、一テサ4・1）。

その後の世代では、使徒信条やさらには4世紀の偉大なニカイア信条、そしてコンスタンティノポリスにおけるその発展形を定式化した人々が、聖書をどう読んだらよいかのグリッド、パターン、モデルを提供しました。これらの信条は完全ではなく、適切なモデルとしても完全ではありません。それは福音書そのものの中心主題、すなわちイエスによる神の王国の告知と開始について何も語っていません（「その御国は終わることがありません」という部分を勘定に入れなければですが）。しかし、聖書と格闘し、その特徴的なキリスト教的生活を構成する、感謝に満ちた神への従順と格闘する中でキリスト者が信じるようになったことを、豊かで多面的に要約したものとして、教会はそれらをつねに認めてきました。

私たちの最近の過去を振り返ると、自分たちが立っている（諸）伝統を意識することは、今日のキリスト者にとって重要です。それぞれの伝統には、そこに属する者たちが感謝することのできる多くのものがあります。すでに述べたように、「聖書的」であることを誇りにしている伝統を含め、どれもそれ自体で完全なものはありません。どのような伝統も、それがどれほど価値があり、どれほど不完全であるかを評価する方法の一つは、選択的な読解や釈義的トリックに頼ることをせずに、聖書の公の朗読と私的な研究の両方で、それぞれの伝統がどの程度適合するかを見極めることです。

まさにそのような場こそ、歴史的釈義の適切な役割が（キリスト教信仰を完全にだめにしようとする不適切なものではなく）繰り返し存在感を示すべきところなのです。ローマ・カトリックの公式見解のように、伝統と聖書をまっすぐに一つの流れへと合流させるべきだということではなく、伝統と共に生きるという挑戦とは、伝統が伝統であることを許すべきだということです。つまり伝統とは、聖書と格闘しながら、時にはそれを誤解し、時にはすばらしく正しいやり方で理解する、とても人間的な教会の生きた声なのです。だからこそその挑戦は、各世代ごとに新鮮なものとなるのです。伝統は、私たちがどこから来たのかを教えてくれます。聖書そのものは、私たちがこれからどこに向かうべきかを示す、より良い道しるべとなります。

理性の場――コンテクストと意味とあらゆる種類の知識に気を配ること

同様に、理性が意味することは、テクストの単なる恣意的な読み方や気まぐれな読み方をやめ、語彙的、文脈的、歴史的な考察に注意を払うということです。理性は、自由奔放な想像力に富んだテクストの読み方（イエスは、本当はエジプトのフリーメーソンであったという、最近の疑似学問的著作でおごそかに行われた提案のようなもの）をチェックすることが可能です。それには、合理的であるという必要性も含まれます。

もちろん、「合理的である」とは何を意味するかという問題や、「誰による合理性か」という問題の論争はなくならないでしょう。しかし議論のすべてが無益とは言えません。それは、私たち自身のコンテクストと、それによって持ち込まれる偏見に注意を払うことを意味します。だからこそ、罵《のの》り合いではなく、公開による議論と討論が喫緊の課題なのです。争点となる問題に関する言説のあまりにも多くは、ゲームが始まる前に相手の駒をボードから払い落とそうとする修辞的戦略から成っています。

「理性」が意味するものは、生物学、考古学、物理学、天文学など、神の世界と人間の状態に大きな光を当ててきた多くの大発見に注目し、それを称賛することです。これはもちろん、無神論的で合理主義的な科学からの圧力に屈することを意味しません。私たちが決して忘れてならないものは、科学が定義上、再現可能なものを研究するのに対し、歴史は定義上、再現不可能なものを研究するということです。

また、試験管の中に見いだされるものから、神とその王国について言えること、言わねばならないことまでをつなぐ直線道路のような、一種の自然神学があるかのように、「理性」と「現代科学の結果」を気軽に混同してはいけません。「理性」とは、むしろ和声と対位法の法則に近いものであって、それ自体が曲を書くわけではありませんが、その中で曲が強力な意味を持つような言語を形成するのです。

これらすべてにおいて「理性」は、聖書や伝統に代わるものでも、それらと独立した情報源となるものでもありません。それは、私たちが本当に聴き取っているものが自分自身の声のこだまではなく、聖書と伝統であることを確認するために必要な助手であり、必須の道具であるのです。その方法はまた、私たちがイエス・キリストにおいて、私たちが知っている唯一の神によって造られ、保たれている唯一の世界で、共に生きている存在であることを覚えつつ、互いに耳を傾け合うのに不可欠なものです。

理性に裏打ちされた言説は、暴力や混沌としたものに対抗する、神による代替的な生き方の一部です。パウロが私たちの「理に適った礼拝」という観点から、いまの世に適合するのでなく、心を新たにすることで自分を造り変えていただく（ロマ12・1-2）ことを語っている理由の少なくとも一部は、ここにあると思われます。これらすべては、他のすべての事柄と同様、聖書を論じるうえでも必要なことです。

重層的な見方を展開する――5幕モデル

私たちは特に、最初期のキリスト者の間に見出したのと同じような、聖書の重層的な見方を必要としています（81‐87頁参照）。ジャンルや設定、文学様式等の不可欠な重要性を認識し、それと関連するテクストを読む際に、この重層的な見方がいかに重要な違いを生み出すかを認識しなければなりません。さらに重要なことは、旧約聖書と新約聖書の間の重要な区別、またなぜこの区別があるのか、またこの区別の意味すること、意味しないことは何かを理解しなければなりません。

これらのさまざまな問題を無視すると、「聖書にこう書いてある」と言う人と、「たしかに。だが聖書には、姦通者を石打ちにすべきだとも、二種類の布でできた服を着てはいけないとも書いてある」と答える人と、再び不毛な議論に陥ることになります。私たちは早急にこの不必要な障害物を乗り越えて、もっと大切な問題に取り組む必要があります。

ここで、すでに私が提案した「5幕劇」の解釈法が登場します（『新約聖書と神の民』第5章）。私がそこで詳細に論じたように、聖書自体がその読み方のモデルを提供しています。それに含まれるものは、劇全体の中で私たちがどこにいるのか、また、各幕の中で何が適切なことなのかを知ることです。その各幕は、創造、「堕落」、イスラエル、イエス、そして教会であり、これらは、聖書自体が提供する神のドラマの中の異なる段階を構成しています。

このモデルについて、はじめに三つのことを説明しておきます。

1 ある人はこのモデルを別の方法で発展させています。私がここで示すものは、あくまでモデルなので、そのような修正の可能性を歓迎しますが、ここでの目的のために、私のオリジナルのものを使用します。

2 黙示録の最後にかいま見る、新約聖書における未来のヴィジョンである結末のシーンは、現在の劇が終わるところから始まるよう意図された、新しい劇の始まりとして見ることを、私は歓迎しています。

3 私はまたこのモデルが、多くの聖書記者が示しているよりも「堕落」を強調していることを大いに認めます。ここでこの点について議論する時間を取らないで、創世記3章の物語［罪による堕落］が、パウロだけではなく、新約聖書のかなりの部分の背後に暗黙のうちに存在していることを強調したいと思います。1世紀のユダヤ人は、悪の起源についていくつかの非常に異なる見解を持っていました。しかし、良い創造が台無しにされたという全体的な理解は広く普及しており、ほぼ間違いなく初期のキリスト教全体で、多かれ少なかれ前提とされていました。

この特定の解釈図式を採用するかどうかにかかわらず、テクストが意味をなすような、ある種の包括的ナラティヴの観点から、聖書および私たちの聖書に対する関係を理解することは極めて重要です。聖書を「永遠の真理」の集合体に還元するにせよ、単なる信心深さの燃料に還元したりするにせよ、いずれにせよそれらは、構造的なレベルで聖書そのものに対する深刻な不実を働くことになります。

私が提案する図式の中で、私たちは現在、第5幕、すなわち教会の時代に生きています。この第5幕は、イースターとペンテコステから始まりました。その幕開けの場面は、使徒時代そのものです。その憲章となるテクストは新約聖書です。その目的となる最終場面のスケッチは、ローマ書8章、第一コリント書15章、黙示録21-22章などの箇所に明確に描かれています。

このモデル全体の鍵となるポイントは、「聖書の権威」がどのように実際に働くのかに関する重層的見解の核心をなすものです。それは次のようなことです。この第5幕に生きる者は、それまでの第4幕とのあいまいな関係を持っています。それは、彼らがそれらに対して不忠実であるからではなく、物語に属する存在として、まさにそれらに忠実であるからなのです。もし『終わりよければすべてよし』〔シェイクスピア劇のタイトル〕の第5幕の誰かが、第5幕に登場する人物の台詞ではなく、それ以前の幕の台詞を繰り返すなら、芝居全体が崩壊してしまうでしょう。

私たちは、物語の中のこの瞬間にふさわしい方法で行動しなければなりません。それは前の各幕との直接的な連続性を持つことになります（私たちは突然自分勝手に別のナラティヴやまったく別の劇に飛び移ることはできません）。そのような連続性はまた、純粋に新しいことが起こりうるし、実際に起こる不連続性の瞬間をも意味しています。ですから私たちは、前に起こったことには熱烈に忠実でありつつ、次に起こるべきことに対しては喜びをもって心を開いていかなければなりません。

したがって、たとえば次のようなことが言えます。

1　私たちは、エデンの園のような、悪の存在しない世界に住んでいると仮定することはできません。ですから、「物事の現状」から「物事のあるべき姿」を直接論じることはできません。原理的には、物事がかつてあったあり方（すなわち創1章と2章）から物事のあるべき姿を論じることはできます。しかし、これは実際には難しいことです。なぜなら、創世記1章と2章は簡潔で様式化されているからです。また、約束されている贖いが実現する時には、それはエデンへの帰還ではなく新しい創造へと進むことです。そこでは古いものが元の状態に戻るのではなく、変容され、成就されるのです。

2　私たちは、贖いのない世界に住んでいるとは想像できません。ですから、誰もが認識している悪がこの世界に遍在し、すべての力を握っているので、なすすべは何もないと主張することはできません。

3　私たちはキリスト以前のイスラエルのメンバーではありません。ですから（多くの中から一例を挙げるなら）、エルサレム神殿を再建し、そこで動物のいけにえを捧げるべきではありません。

4　私たちは、イエスの公生涯の時代に生きているわけではありません。ですから、たとえば、ユダヤ人以外の人に福音を宣べ伝えることに対する一時的な禁止事項が（マタ10・5-6）、私たちにも適用されると思い込んではいけません。（復活の後、28・19でこの禁止事項が明確に解除されているので、それが一時的なものであることが分かります。すべての場合がそう簡単なわけではありません。ユダヤ教の律法の問題を巡るパウロの議論に見られるように、実際には非常に難しい場合もあります。しかし、たいていの場合はヒントがあります。）

そこで、以下のように表現できるでしょう。創世記1-2章を読むときは、私たちが第5幕に生きている劇の第1幕としてそれを読み、創世記3-11章を読むときは、私たちが第5幕に生きている劇の第2幕としてそれを読みます。（ガラ3章やロマ4章でパウロが素描しているように）アブラハムからメシアに至るイスラエルの物語を読むときには、第3幕として読みます。

私たちがイエスの物語を読むときは、決定的なクライマックスである第4幕に直面することになります。しかしそれは、私たちが生きている幕ではありません。私たちはイエスに従ってパレスチナを巡り、彼が癒やしたり、説教したり、社会からのけ者にされた人々と食事をしたり、彼が計画しているエルサレムへの最後の旅について頭を悩ませたりするわけではありません。けれどもこの第4幕はもちろん、私たちが現在いる（第5）幕の土台であり続けるのです。

実際、それはイスラエルの物語のクライマックスであり、世界と織りなす創造主による贖いのドラマの中心としてのイエスの物語を語ること自体が、第5幕の主要な課題となります。だからこそ、イエスについて物語る口頭伝承と、最終的に正典福音書がまさに物語形式で書かれたことのどちらも、この幕の基礎を据える重要な瞬間であり続けているのです。

第5幕で私たちが生きるということは、上記のすべてを前提とすることであり、自分たちを通してこの物語が最終目的地に向かって展開していく中で、そういう民として生きる意識を持つことです。私たちがそこに到着したときには、神殿も礼典もなく、あえて言うならば、現在私たちが知っているような種類の祈りさえもないのと同じく――というのも、すべてが神の直接的な臨在と愛の中に飲み込まれてしまうため――聖書を読む必要も、もはやなくなります。それは聖書が無意味だからではなく、それが、いまや私たちのたどり着く目的地に至るまでの地図であると分かるからです。それが、本書の最終段落で私が目ざしているポイントです。

現代における多くの議論において非常に重要な点ですが、それが意味するのは、新約聖書と私たちの関係は、旧約聖書と私たちの関係と同じではないということです。こう言ったからといって、「聖書」の決定的で妥協の余地のない一部である旧約聖書への私たちの献身を減じるものではありません。

新約聖書は第5幕の基礎的な憲章です。（人間の文化は多様に変化してきたにもかかわらず）新約聖書に記された使徒や伝道者の時代と私たちの時代との間には、世界における神のドラマという中で何の変化も起こりませんでした。彼らの時代と律法・預言者・諸書の時代のあいだに起こった（第3幕から第4幕へ、そして第4幕から第5幕へという）、二重の場面転換に対応する出来事は、何もありません。たとえ新約の記者たちが、旧約聖書の扱いにおいて（頻繁に主張されているにもかかわらず）いい加減ではなかった（79–87頁参照）ことを考慮に入れても、新約記者たちが、正典における先人たちに対して逆らって立ち向かったようには、私たちは新約の記者たちに対峙することはないのです。

私たちキリスト者を名乗る者たちは、イスラエルの物語のクライマックスとして、また私たち自身の物語の土台として、イエスの物語を語ることに全面的に献身しなければなりません。私たちは、コリントやエフェソなどの教会の直接の後継者であると自覚し、彼らに語られたことに対して、私たちに語られたかのように注意を払わなければなりません。私たちとの間に過ぎた時間の長さを指摘したり、またそれらと無関係だとしたり、誤解を招くものにさえしたりする文化的大変化が起こったとほのめかし、書簡を相対化することはできません。

新約聖書を現在進行中の（そしてまだ終わりが見えない）第5幕の基礎と見なし、それを他のものに置き換えたり補足したりできないことを認識することは、真にキリストの弟子となるために必要不可欠なことです。第5幕は続きますが、その最初の場面は譲れないものであり、その後のさまざまな場面における即興演技を判断する基準となります。これこそが、教会が聖書の権威の下に生きるということ、いやむしろ、私がずっと強調してきたように、聖書を通して取り次がれた神の権威の下に生きるということなのです。

新約聖書は、この物語がどこで終わるかを、私たちにかいま見させてくれます。それは、多くの賛美歌や祈りにあるように、私たちが「天国に行く」ということではなく、新たな創造が起こるということです。私たちの課題は、聖霊と祈りを通して、基礎となった出来事や憲章と王国の完全な来臨のあいだにあって、台本に基づいて即興的に演技する適切な方法を発見することです。ひとたびこの枠組みを理解すると、他の事柄はその中にうまく収まるようになります。

「即興」という概念は重要ですが、時には誤解されることもあります。

すべての音楽家が知っているように、即興とは、「何でもあり」の自由奔放さを意味するのではなく、私たちの周りにいる他のすべての声にしっかりと注意深く耳を傾け、私たちがいまや継続するよう召されている演奏全体のテーマ、リズム、ハーモニーにつねに注意を払うことです。同時にもちろん、私たちはこれまでの音楽に完全に従い、周囲の声に完全に注意を払いながらも、新鮮な表現を模索するように招かれています。ただしそれは、最終的に新約聖書の中でゴールとして登場する究極の解決、すなわちイエスの復活によって見事に予告された、完全な充実した新しい創造につながるものである限りにおいてですが。

これまでの音楽、周囲の声、そして神の新世界の多声部からなる究極的なハーモニー、これらを合わせると、聖書を読み、その中に含まれている福音を告知し、それを生きるうえでの適切な即興のパラメータが得られます。すべてのキリスト者、すべての教会は、音楽を前進させるために、自分たちの変奏を自由に即興演奏することができます。すべてのキリスト者、すべての教会は、調子外れに演奏することはできません。

喩えを劇場に戻すと、すべての役者と、彼らが所属するすべての旅回りの劇団（すなわち異なる教会）は、自分たちによる新鮮な場面を自由に即興で演技することができます。どの俳優も、どの劇団も、別の劇の場面を即興で演じたり、別の結末を持つ劇の場面を即興で演じたりすることは許されていません。もしこのことを理解することができれば、聖書の権威の下にある、健全で相互に尊重し合う生き方への道を歩むことができるでしょう。

聖書の権威を尊重するための方策

どのようにしたら、私たちの聖書理解と「即興」が、個人、会衆、そしてより大きな教会としての私たちの中で、また私たちを通して行われる聖霊の働きを促進していると確信できるのでしょうか？　それは(a)完全に文脈に沿い、(b)礼拝に基づき、(c)個人的に研究され、(d)適切な学問によってリフレッシュされ、(e)認定された教会指導者によって教えられる聖書の読み方を私たちがすることによってなされます。

そこで、聖書の権威、つまり聖書を通して行使される神の権威が、神の民の中で、それが意図されたとおりのダイナミックな力となり、宣教のために彼らを活気づけ（159-162頁）、それに応じて彼らの生活を整えることができるようにする方法について、積極的な提案をしたいと思います。

(a) 完全に文脈に沿った聖書の読み方

私たちは、完全に文脈に基づいた聖書の読み方をしなければなりません。それぞれの言葉はその節の中で、それぞれの節はその章の中で、それぞれの章はその書巻の中で、それぞれの書巻はそれの歴史的、文化的、そしてまさに正典的な背景の中で理解されなければなりません。（もちろん、聖書のある部分の歴史的背景と、それが現在正典全体の中で占めている位置との間に緊張関係があるかもしれませんが、その場合は、両方を明確に考慮に入れるべきです。）

聖書のすべては「文化的に条件づけられた」ものです。ある部分は条件づけられておらず、それゆえある意味で「基本的」または「普遍的」なものとして扱うことができ、他の部分はそうではないので、それゆえ安全に脇に置いておける、と考えるのは単純すぎます。イエスの神性の教理は文化的に条件付けられたものです。パウロが言うように、受肉は「時が満ちると」起こり（ガラ4・4）ました。そしてその新しい出来事と共鳴する文化が存在したことは、まさに時が満ちたことの一部でした。

信仰義認の教理は文化的に条件づけられたものです。神の義、ユダヤの律法、アブラハムとの約束の概念になじみのある世界でのみ、このようなことが考えられたのです。私たちは、これらの文脈をできる限り完全かつ明確に理解した上で聖書を読まなければなりません。そのためには、刺激的ではありますが、膨大な作業が必要になります。幸いなことに、これまで以上に多くの助けが入手可能です。実際、あまりに多様なので、初心者はどこから手をつければよいか悩むかもしれません。

しかし、私たちが理解しなければならないのは、単に聖書の文脈だけではありません。多くの人が指摘しているように、私たちが自分自身の文脈と、それがどのように私たちに影響し、聖書の中のある事柄をハイライトし、他の事柄をこっそりと無視するようにさせるかを理解し、評価することも、同じくらい重要です。このことについては、私たちの現在の文化的文脈（5章参照）と伝統（163–165頁）について考えたとき、すでにお話ししました。

このような聖書の文脈に沿った読解は、終わりのないプロジェクトです。私たちは、テクストの無尽蔵の豊かさを、それ自身の観点から掘り下げることは決してできませんので、新鮮な洞察に貢献する辞書編集や考古学やその他すべての研究の進歩に対してつねに感謝すべきです。（だからといって、私たちが難問に対する正しい答えにたどり着けないということではありません。学問がさらに洗練されたとしても、たとえば先ほどお話しした二つの教義、すなわちイエスの神性と信仰義認に疑問を抱くようになることはないでしょう。）

同様に、私たち自身も、個人レベルでも、世界規模でも互いに異なっていますし、そして実際、数年前の私たち自身とも異なっています。ですからつねに自分たちの読みや理解を再評価し、その発展を喜び、新しい洞察が生まれて定着していくのを見守ることが重要です。

文脈に沿った適切な聖書の読み方とは、正典の中にある豊かな多様性を称えることであり、それを単色の画一的なものに平板化しようとする試みに抵抗すると同時に、異なる強調点が一つにまとめられるような、より大きな統一性をつねに探求していくことです。部分よりも全体を強調することは（ある人は、「聖書はワインをちびちびすするようにではなく、ビールを飲み干すように読みなさい」とアドバイスしました）、狭く歪んだ視角や焦点に対する必要な修正になります。しかし、それは、解釈者が推進しようとする特定の全体像に合わない部分を避けるための言い訳にもなりえます。

このような文脈に沿った読み方は、実際には受肉的な聖書の読み方であり、テクストと読者双方の完全な人間性に注意を払うものです。このことは、それによって「神性」――つまり聖書の「霊感」と、聖書を読む教会の中で働いている聖霊の力――が新たに発見されるように祈る中で行われなければなりません。

イエスの受肉をめぐる古代の対立が、聖書の性質をめぐる議論に、あまりにも多くの面で反映され、「保守派」は神性を強調し、「リベラル派」や「過激派」は人間性を強調しています。（私は、聖書とイエスというペルソナの間のアナロジーが正確ではないこと、また、それに深刻な問題を感じてきた人がいることを知っています。しかし双方向の正確な同一視ではなく、アナロジーとして見るならば、それは有用であり続けると信じています）。真の正統性には、両方が適切な相互関係を保っていることが必要なのです。

(b)礼拝に基礎を置く聖書の読み方

教会が聖書に耳を傾けるおもな場所は、共同の礼拝の時です。（すぐ後に個人で読むことについて触れますが、私は共同の礼拝が第一であると信じています）。これ自体は、エズラによる律法の公開朗読、ナザレの会堂でのイエス自身によるイザヤ書の朗読、教会の集会でのパウロの手紙の朗読などの直系の子孫です。私たちが個人的、文脈的、文化的にどれほど異なっていたとしても、聖書を読むときは、時間と空間を超えて他のキリスト者たちとのつながりの中で読むことになります。

このことは、たとえば、公の場で聖書を適切に読むように努めなければならないことを意味し、何を読むかを選ぶための適切なシステムや、読む人が最善の効果を発揮できるような適切な訓練が必要です。聖書が教会の中でダイナミックな力となるためには、公の場での聖書朗読が「聴覚的な壁紙」とでも言うべき、他のことを考えているあいだに背景でささやかれる、心地よい宗教的ノイズに堕してしまわないようにすることが肝要です。

これはまた、どのような伝統においても、聖書朗読が中心的位置を占めるよう確かめる必要があることを意味しています。私自身の伝統である聖公会の伝統では，朝と晩の定期的な祈りは、あらゆる意味で「聖書のショーケース」となっています。つまり、よく構成された展覧会で偉大な芸術作品を展示するのと同じように、聖書を（祈り、音楽、応答によって）紹介しているのです。それらは私たちに備えをさせ、聖書の真価を充分に理解できるようにし、それについてさらに思い巡らす機会を与えてくれます。

聖書の公開朗読は、その内容を人々に教えることだけを目的としたものではありません。ただしそれも歓迎すべき副次効果ですが。（この文脈での「レッスン」という言葉は、もともとは「教える」ではなく、単に「読む」という意味でした。現代におけるこの言葉の意味は間違った方向に強調点が置かれています。）

さらに、聖書の朗読が適切な場に位置づけられた公の礼拝では、神の権威は共同体の心と生活を形成するうえで、権力者、特にメディアを利用する人々の権威に直接挑戦することになります。しかし、聖書朗読の第一の目的は、それ自体が礼拝の行為であり、神の物語、力、知恵、そして何よりも神の御子を祝うことです。これこそが、教会が神のかたちに新しく生まれ変わり、その使命の中で変容し、導かれる礼拝です。聖書は、生ける神がその働きにおいて、またその働きのために、ご自身の民を導き、強めるための重要な手段です。このことこそが、私が本書で論じてきた「聖書の権威」という省略表現の本当の意味なのです。

実際、古典的な朝と夕の祈りでは、両約の聖書から一箇所ずつ朗読を聴くことによって旧新約聖書の物語全体を語ることで、短い朗読の二つの小さな窓から聖書の物語の広大な風景をかいま見ることができます。これを一つのレッスンに切り詰め、あるいは説教の導入としての短い朗読（そしておそらく30分以上の「ワーシップソング」を伴う）に切り詰めることは、すでにこの出来事を傷つけたり、解体したりすることです。それは、この文脈の中での聖書の力と意味を、単に情報を与えたり、指示を与えたり、励ましたりするだけのものに貶めてしまう可能性があります。

同様に、（一部の「カテドラル方式」の礼拝で行われているように）約90秒の朗読を、5分か10分の賛歌に挟んで行うことは、すばらしいスパークリング・クリスタル・グラスに、ワインをほんの一滴入れたのと同じ印象を与えます。グラスは大切ですが、ワインこそが真に重要なものです。朗読箇所が選ばれるシステムは（一部の伝統では「聖書日課」と呼ばれています）、普通のキリスト者の礼拝者が、可能な限り聖書全体、特に新約聖書全体に定期的に目を通せるように構成されていなければなりません。

一部の教会では、礼拝が長くなりすぎないようにしたいためか、朗読の長さを削る傾向があります。そしてそれを口実に、人々が慣れ親しんだ音の壁紙のような位置づけでなく、会衆に衝撃を与え、注意を払って聴くべき部分を削ってしまうのです。教会内での議論の多くがひどく妨げられてきたのは、教会の公の生活から、あちらの一節、こちらの一章という具合に、基礎的なテクストが人知れず省かれてきたからです。特に新約聖書の節や段落や章を省くことは、弁解の余地がまったくありません。私たちは聖書を手なずけようとしてはいけません。これは私たちの基本憲章であり、いい加減に扱うことは許されないのです。

説教は、教会の初期の時代から、聖書の解き明かしや考察がおもであると考えられていましたが、言うまでもなく、公の場での聖書朗読と非常に密接に関係しています。繰り返しますが、これは、聖書は説教の素材としてのみ読むべきだということではありませんし、聖書から説教するためには一つのスタイルしかないというものでもありません。

実際、ここが「第5幕」の本領が発揮されるポイントの一つです。まさに、私が説明してきたように聖書が読まれるときは、あらゆる種類の新鮮な言葉の語られる機会となり、聞いたことのある聖書箇所を照らし出し、それが心に響くようになるだけでなく、そこからさらに進んで、それらが今日と明日のためにどんな新鮮な意味を持つかを示唆することができるのです。

最後にもちろん、教会の生活、証し、礼拝のまさに中心にある聖餐式における聖書朗読は、「主が来られるときまで、主の死を告げ知らせる」［一コリ11・26］ことで、厳粛な思いで集う神の民が神の民として形成されるためには決定的なものです。その中で、個々の陪餐者の個人的な信仰形成に、それは不可欠なものとなります。パンを裂くとき、聖書は神の民を形成し、エマオへの途上での弟子たちのように、彼らの心を燃やし、目が開かれて主を知ることができるようにさせるのです。

(c)個人的な学びとしての聖書の読み方

これらすべてのことが、それが意図されたとおりに人生を変え、神の王国を前進させるという深い意味を持つためには、普通のキリスト者がグループや個人で、自分自身のために聖書を読んで研究し、聖書と出会うことが不可欠です。第二テモテ書3章16–17節に書かれている聖書の霊感についての有名な一節は、人々に聖書についての正しい信念を与えるためではなく、自分自身で聖書を研究することを奨励するために書かれたものです。

西洋の個人主義は、個人的な読解を第一の方法として強調し、礼拝において聖書を聴くことをその後にする傾向があります。その結果、啓蒙主義による教会全体のあかしの断片化を促しています。この順番を逆にしたからと言って、個人として聖書を読むことの重要性を私は低めようとしているのでは決してありません。他の人と一緒に、そして自分自身で、あらゆるレベルで学ぶことは、聖書の全体と各部分に、もっと注意深く耳を傾けるための教会の継続的な召しの一部です。

実際、聖書は、私たちに求められているように、(聖書研究を通して)知性をもって神を愛し、(ディヴォーション的な読み方を通して)心から神を愛することにおいて成長するための重要な手段です。キリスト者は礼拝と祈りに同時に召されています。彼らは新鮮な理解を与えられ、新たな疑問に戸惑い(それによってさらに多くの研究と探求への刺激を受け)ます。彼らは、世界に対する神のミッションに神の民が従事する際、現在進行中の神の物語の中でしかるべき位置を占めるために整えられます。聖書はこのような複雑な道の一部を形づくっているのです。これはまさに、普通のキリスト者——そしてすべてのキリスト者は普通のキリスト者です——の生活の中で、日毎にまた週毎に、聖書の権威がどのように実践されていくか、ということなのです。

この点には、重要な副次効果があります。聖書を学び、ディヴォーションの中で何を発見したかに、よリスト者の特権であり義務であるならば、個々の読者がテクストの中で何を発見したかに、より広い意味で教会が耳を傾けることが重要です。もちろん、すべての個人的な聖書の読みが重要な新しい洞察をもたらすわけではありません。けれども、それをもたらす読み方は少なくありません。教会は、小グループやその他の手段を用いることで、そのような特定の視点がキリストのからだ全体の注意を引き、それによってより大きな共同体が豊かにされ、同時に、明らかに誤解を招くような非正統的な読み方は、優しく適切に是正する必要があります。

(d)適切な学問によってリフレッシュされる聖書の読み方

聖書学は、教会に与えられた神からの偉大な賜物であり、聖書の意味をより深く掘り下げ、世界のために召されている任務のために私たちをリフレッシュし、活力を与えてくれます。私の属する教会を含め、多くの教会では、宗教改革者たちが強調した聖書の「字義的意味」を重視してきました。それが意味するのは、「すべてを文字どおりに捉える」というのではなく、勝手気ままな思弁ではなく「著者が何を意味していたかを発見する」ことです。

先に指摘したように「字義的意味」とは、本来意図された意味を意味します。したがって、たとえ話の「字義的意味」を知るには、実際に起こった出来事としてではなく、それをたとえ話として認識する必要があります。聖書のオリジナルの意味を捉えることは、学者や説教者や一般の読者がみな行っている継続的な働きです。

聖書学の研究は、異なる意味を自由に探求する必要があります。これは、大学での昇進や終身在職権を得るために、つねに新しい理論を考え出さねばならない現代の学者の責務であるだけではありません。どんな教会でも、特に「聖書的」であることを誇りにしている教会でも、聖書そのものの新しい理解に開かれている必要があります。それは、流行の風に左右されたり、自分の偏った読み方や歪んだ伝統に囚われたりしているのに、それらが「聖書が言っていること」の完全で正確な説明だと思い込んでしまうのを避ける唯一の方法です。

しかし同時に聖書学が、単に大切にされてきた見解を単に軽蔑するのでなく、教会に奉仕しようとするならば、時空を超えたキリスト教共同体への忠誠心によって制約を受けなければなりません。聖書学者や神学者が、よく知られたテーマについて新しい見方を提言したいときには、その新しい洞察が、教会の使命と生活を脅かすのではなく、それらをどのように建て上げていくかについて、より広い共同体に対して説明する義務があると意識すべきです。

このような発言は抗議を引き起こすでしょうが、その中には、抗議者たちがまだモダニズムのパラダイムの中で生きていて、客観性という幻想の中で「中立」を装っているだけの場合もあるでしょう。もちろん、教会は時には間違いを犯し、聖書自体に基づいて挑戦を受けなければならないさまざまな言葉や考え方に従うよう、学者たちに要求したこともあります。キリスト教の「信仰の規定」は、実際のところ、学問を妨げているわけではありません。学問がその規定を、より正確かつ洗練された形で表現しようとする学者を刺激することも、それ自体が立派な仕事になります。

しかし、そのような規定から自由になろうとして、ある考え方の枠組みを放棄したとしても、何の枠組みもない荒野では生きていけないことに遅かれ早かれ気づくことになります。すぐに別の枠組み、おそらく哲学的な思想の図式によって代用してしまうからです。同様に、ある言説の共同体（たとえば教会）を無視したとしても、必然的に別の共同体（おそらく学者のギルドや、現在流行しているイデオロギーの動向）に忠誠を誓うことになります。

私の経験では、忠誠が何を意味するかに気づきやすいのは、特定の伝統の中での狭い定義を反映した、綿密な表現で書かれた教義的声明による互いの囲い込みより、実践の中でです。聖書は充分に懐の大きな本ですので、聖書学者と他の仕事に召されている多くの人々との間に信頼関係を築いていけるよう、教会も充分に大きな共同体であるべきです。この信頼関係は過去数世代のあいだにかなりの試練を受けてきたのは確かです。学問の自由と共同体への忠誠心との間の緊張感が耐え難いものになったこともあります。一部の学者は教会から手を引いたり、ほとんどのキリスト者が大切にしてきたものをあざ笑うような理論を考え出したりしています。

教会人の多くは真面目な学問に背を向け、純粋な信仰を堕落させないようにと、学問から何も学ぼうとしない反知性主義を受け入れてきました。いまこそこの対立に終止符を打ち、教会がポストモダン世界から借用して悲惨な結果をもたらしてきた「疑いの解釈学」に代わって、「信頼の解釈学」（それ自体が福音のしるしです！）を再確立する時です。私がここで素描した枠組みは、教会生活で相互に支え合う異なる側面の和解と統合の助けとなるように意図されています。

(e) 教会から認定を受けた指導者たちが教える聖書の読み方

最後に、私たちは教会で認定された指導者によって教えられる聖書の読み方を奨励し、それを可能にしなければなりません。（「指導者《リーダー》」という言葉はさまざまな理由であまり参考になりませんが、ここではエフェ4・11や他の箇所に記載されているさまざまな役職の要約として使用しています）。これには明らかに、日曜学校や家庭集会を担当する人など、さまざまなレベルのミニストリーの人々が含まれています。しかし、私の伝統では特に主教を意味しており、そのようなレベルでこそ、ある種のことを言わなければならないのかもしれません。

教会の指導者は、聖書の教師であるべきだというのは当たり前だと思うかもしれませんが、今日では必ずしもそうではありません。各教派の指導者たちは、官僚的、また管理的な仕事に追われているため、説教をしたり、講演したりすることはあっても、新鮮で行き届いた祈りに満ちた聖書研究の恩恵を教会に与えることはなく、何年も前に学んだことや急場しのぎの霊感に頼っているだけなのです。このような場合、問題は、単に教会が新しい洞察を見逃し、使い古しの考えを再利用せざるをえなくなるだけではありません。真の危険は、「聖書の権威」が実践において何を意味するのかを教会の指導者たちが忘れてしまうことです。もしそうなれば、その権威が本来あるべき姿で機能しなくなる可能性があります。

本書で論じてきたように、「聖書の権威」とは、「聖書を通して行使される神の権威」の省略表現であり、神の権威とは単に教会をコントロールし、秩序づける神の権利ではなく、イエスと聖霊を通して行使され、天と地のすべてのものを神の裁きと癒やしの支配に服させる神の主権的な力なのです（エフェ1章はこのことを他の箇所よりも見事に示しています）。言い換えれば、もし私たちが聖書の権威が本当は何を意味するのかについて、最も深いレベルで真実であろうとするならば、私たちはこのように理解しなければなりません。

神は、聖書を通して（言い換えれば、人々が聖書を読み、学び、教え、説教する際に働いておられる聖霊を通して）、教会の宣教を活気づけ、可能にし、指示し、それによって、すべてのものがキリストにあって新しくされる時を真に早めておられるのです。同時に、神は同じ手段によって、教会生活と個々のキリスト者の生活を秩序づけ、彼らの一致と聖性の中で、神の新創造の計画のモデルを示し、それを体現するために働いておられます。教会の指導者になるということは、およそ定義から言っても、その働きを通して、この使命が聖書に基づくエネルギーによって可能にされ、導かれ、同じく聖書に基づくエネルギーを前面に出すことによって、その一致と聖性が生み出され、維持されるような者になる、ということなのです。

したがって、教会の役職や指導者としての役割に召された人たちが、教会の内政を組織し、管理するだけで満足しているなら、活気に満ちた躍動する命があるはずの場所に、まさに空白を残していることになります。もちろん、キリスト教の指導者は、組織を運営し管理のための訓練を受け、備えをする必要があります。敬虔と善意があれば、無能さを取り繕うことができると期待しながら、アマチュアじみた失敗を犯していては教会は繁栄しません。

しかしキリスト教の聖職者は、説教、教え、祈り、牧会活動において、どのようにして聖書が自分に力を与えているかを発見し、社会や個人として私たちが直面している大きな問題に取り組めるように聖書と格闘することについて、さらにいっそう真摯なプロであるべきです。もし他のことを専門としているなら、聖書を学び、つねに新鮮なその言葉を他の人に伝えるための適切な備えをしていないことを自ら恥じるべきです。

聖書の教えと説教は、教会の営みの中心にあり、聖餐式に焦点を当てた礼典の営みと並行して、つねにそこに織り込まれています。（本書は礼典についての本ではありません。礼典を犠牲にして聖書を強調しているのではないかと疑う人は、私の小著 *The Meal Jesus Gave Us*『イエスが与えた食事』[Hodder & Stoughton. 2002] を参照ください）。説教で語れることと、礼拝以外での教えや成人教育などで語らなければならないこととのバランスは、教会によって、また場所によって異なります。ほとんどの教会では、教育プログラムが充実している教会であっても、聖書の教えについてまだまだなすべきことがあると言っていいでしょう。

宗教改革者たちの一部が礼典を、神の「目で見る言葉」として語っていたように、説教は、「耳で聴く礼典」であるべきであると説教者に思い出させるのも重要です。聖書や神学の最も基本的な情報を知らない人が増えている中で重要なことは、説教は単に情報を伝えるためのものではない、ということです。説教は単なる励ましのためのものでもなく、ましてや娯楽のためのものでもありません。説教は、キリスト者のふだんの生活の中で天と地が出会う瞬間の一つであるべきです。話し手も聞き手も召されていることは、聖霊の働きによって神の言葉が、耳だけでなく心にも聞こえるような民になることです。説教は、聖書に与えられ、聖霊の働きによって働く神の個人的な権威が、教会生活の中で発揮される重要な方法の一つなのです。

私たちが、「聖書の権威」のこのダイナミックな意味を探求するなら、教会の構造と教会法がそれなりに重要であるにしても、公認された教会指導者の「権威」は、単に、あるいは主要な意味で法律的構造だけで成り立つものではないことを、新たな方法で理解します。それは第一に、使徒たちにおいてそうだったように、神の言葉を聖霊の力によって宣言することです。

西洋の教会は、何世代にもわたって危険な「権力の分立」を許してきました。それによると、聖書は専門の学者によって教えられ、教会は聖職者によって運営されるというものです。しかし、後者は優れた例外を除いて、ますます時代遅れになるしかないまた聞きの聖書理解に頼っています。（最新の学問がいつでも最良であるとは限りませんが、もっと多くの教会の教師がライトフットやウェストコット［どちらも英国の著名な聖書学者］の著作を学んでいれば、私たちはもっとましな状態になったでしょう！）

その結果、教会の指導者たちは、祈りに満ちた力強い聖書的な説教や教え、牧会的働きを通して行うべきことを、委員会や書類棚、法的制約を通して行おうとしています。それは教会が転位行動［ストレスによって関係ない行動に走ること］に従事することであり、深い霊的貧困に陥るだけでなく、官僚化がゆっくりと、あるいは駆け足で進んでさえいきます。オリヴァー・オドノヴァン教授［英国国教会司祭、神学者］が少し前に主教の叙任式で説教したときに言ったとおりです。

主教は、法的な力……がないわけではありませんが、どんな法令の力よりも深い源泉からくる権威を呼び起こすことができなければなりません。彼は、私たちのただ中で働く聖霊なる神の臨在と働きに直接由来する権威を必要としています。……それは権威に関わるすべての事業の中で、最も危険で最も偉大なものですが、教会の本質を最もよく証しするものです。

少なくとも現代西洋の教会で、ほとんど誰も気づかないうちに忍び込んできたかのようなキリスト教リーダーシップのモデルを、最初の3世紀の教会が目にしたら、ほとんどそれと認識できないことでしょう。またこれらのモデルはどのような形であれ、「使徒的」な職責であると主張するのは見当違いです。もちろん、主教や他の教会指導者だけが教師なわけではありません。フルタイムで携わる優れた学問とその教えは本質的な情報源であり続けます。

教えることは、あらゆるレベルで継続されなければなりません。しかし、もし主教をはじめとする教会指導者たちが、聖書の教師となり得ず、それゆえに教会を世界へのミッションに導くことがなければ、また神との一致と聖性を反映する内的生活を秩序づけることができなければ、これまで探求してきた意味での「聖書の権威」は、まったく機能しないことになります。

私たちの時代の西洋教会におけるさまざまな危機は――会員数とリソースの減少、道徳的なジレンマ、内部分裂、新しい世代に首尾一貫した手法で福音を提示できないでいること――などのすべて、そしてその他の事柄のゆえに、私たちはもう一度、しかるべき地位が聖書に与えられるように祈らなければなりません。教会がそのミッションのために必要としている活力と導きが与えられ、神への愛のうちに刷新されるために、教師たちや説教者たちが聖霊の力によって聖書を開くことができるように祈らなければなりません。

そして何よりも、イザヤのヴィジョンにあるように、神の言葉が世界で働いて、まさに新しい創造、つまり罪という恐ろしい因縁がようやく取り除かれた、新しい世界をもたらすために祈らなければならないのです。

雨や雪は、天から降れば天に戻ることなく
必ず地を潤し、ものを生えさせ、芽を出させ
種蒔く者に種を、食べる者に糧を与える。

そのように、私の口から出る私の言葉も
　空しく私のもとに戻ることはない。
必ず、私の望むことをなし
私が託したことを成し遂げる。
あなたがたは喜びをもって出て行き
平安のうちに導かれて行く。
山々と丘はあなたがたの前で歓声を上げ
野の木々もすべて、手を叩く。
茨《いばら》に代わって糸杉が生え
いらくさに代わってミルトスが生える。
これは主のための記念となり
絶たれることのない永遠のしるしとなる。

イザヤ書55章10-13節

第9章　ケーススタディー——安息日

理論は理論として、これまで述べてきたことを踏まえて、より具体的な問題を考えようとするとどうなるでしょうか？　ここでは、「安息日」と「単婚制」というまったく異なる二つのテーマを選びました。どちらも時折、論争の的になることがありますが、現在「話題になっている」問題ではありません。もしそのようなテーマを取り上げれば、特定のアジェンダを押し付けて理論を偏向させていると思われずに議論するのが難しいかもしれません。この二つの問題を探求することで、これまでのあまりにも一般的な単純すぎる聖書の読み方に挑戦し、より成熟した聖書の読み方、つまり聖書を神の権威の真の器として扱うという本書の全体的なポイントを例証することができるでしょう。

最初の問題は「安息日」についてです。ここでは、聖書の証言は非常に印象的です。旧約聖書で、安息日の戒めは確固たるものであり、激しいものであり、必須のものです。それは、古代イスラエルを形作った二つの大きな物語、すなわち天地創造と出エジプトに根ざしています。安息日が適切であるのは、神が創造の仕事を終えた後、7日目に休息されたからです。安息日は、神がイスラエルをエジプトから脱出させた理由から命じられています。国や個人が安息日を無視したり、無効にしたりすると悪いことが起こります。安息日を新たに守ることで、イスラエルは新たな恩恵を受けることができます（イザ56・4-7）。

紀元前数世紀の神に忠実なユダヤ人は、安息日の遵守を重要なしるしの一つとしていました。平均的な異教徒が自分たちの中に住む奇妙なユダヤ人について知っている数少ないことの一つが、（割礼や食物のタブーがあることと並んで）週に一度は怠惰な日がある、ということだったほどです。ユダヤ人が安息日に防衛するのは許されるかの問題は、敵がその日を選んで攻撃を仕掛けてきたときに差し迫ったものとなりました。（現代におけるその例はもちろん、1973年にイスラエル国家の敵が贖罪日［ヨム・キプール］に攻撃を開始したヨム・キプール戦争です。）

しかし、新約聖書ですべてが変わりました。イエスと福音書には後で戻りますが、最古のキリスト教著作家であるパウロは、驚くべきことに安息日についてほとんど何も述べていません。異教の世界に暮らすユダヤ人にとっての他の二つの大きな問題は、彼の手紙に登場します。実際、それが前面に出てくることもあります。キリスト者は割礼を受ける必要があるか、キリスト者はユダヤ教の食物規定を守る義務があるのか、ということです。

パウロの答えは、どちらに対しても否でした。実際、異邦人の改宗者に割礼を要求することは、彼らを肉体的にアブラハムの家族に引き入れることであって、メシアであるイエスのうちに、またその周りに形成される新生した唯一の神の民に真に加わることではないのです。ガラテヤ書が論じているのはそのことです。同様に、何を食べるか、誰と食べるかという理由で交わりを制限しようとする試みは、猛烈とまでは言わないまでも、断固として排除されます。しかし、安息日はどうでしょうか?

じつは、パウロがこの問題を念頭に置いていると思われる箇所が二つあります。ローマ書14章5-6節では、特別な日を守りたいキリスト者もいれば、守らなくてもいいキリスト者もいて、守っている人は守っていない人を裁くべきではないし、その逆もまた然りだと言っています。さらに彼は、ガラテヤ書4章10節で、「日や月や季節や年」を守っている人々を、より鋭い調子で非難しています。これはユダヤ教の祭り全般を指しているのであって、安息日だけでなく、明らかにもっと広い範囲を指していると思われます。しかし、ここだけから、パウロが安息日自体について何と言うだろうか、またなぜそうなのだろうかについては、明らかでありません。

この興味深い問題は——ユダヤ人の生活のこれほど中心にあるものを、徹頭徹尾ユダヤ人であるパウロが、ことのついでにさえ扱っていないこと——パウロが十戒そのもの（その中でもちろん安息日は顕著な役割を果たしています）を引用している場面に目を向けると、さらに先鋭化されます。パウロがイエスに従う者は聖霊において戒めを守る義務があると言っているまさにその箇所で、彼は安息日をリストから省略しているのです（たとえばロマ13・9）。殺人、盗み、姦淫、貪欲な行為をしてはならず、父と母を敬い、そしてもちろん、その背後にある唯一の真の神を礼拝し、その名を尊び聖別しなければならない――しかし、安息日はどこにも見当たりません。

もちろん、イエスと福音書に目を向ければ、安息日が頻繁に取り上げられていますが、イエスは安息日といつも衝突しているように見えます。有名な話ですが、スコットランドの高地地方にある教会では厳格な「安息日」の遵守が当たり前でした。ある日、長老たちがこの問題について議論していたとき、一人の長老が、「イエスは何度も安息日を破り、安息日の遵守に反対する発言をしている」と指摘しました。「ああ、たしかに」と別の人が答えました。「聖なる主ご自身も、この問題に関しては少しリベラルだったようですね」。

しかし、私たちが言えるのはそれだけでしょうか？　少し前に、ある有名な学者が示唆したように、イエスは「ラディカル」で、パウロは「リベラル」だったのでしょうか？　それとも、もっと良い、深い、聖書的に納得のいく説明があるのでしょうか？　これに答えるためには、安息日の戒めが、イエスを挟んで旧約聖書と新約聖書でどのように展開されているかを、より詳しく見る必要があります。

これは単に、旧約聖書が命じていることを新約聖書が廃止しているケースなのでしょうか？

もしそうだとしたら、この明らかな矛盾をどのように説明すればよいのでしょうか？　それは、新約聖書が旧約聖書の「律法主義」を、新しい「恵みの宗教」で転覆させたからでしょうか？　それとも、私たちはまったく別の問題に直面しているのでしょうか？

先ほどのスコットランドの議論のことを考えると、アカデミー賞を受賞した映画『炎のランナー』を思い出します。それは1924年のパリ五輪についての話です。エリック・リデルが400メートル走で、ハロルド・エイブラハムスが100メートル走でそれぞれ優勝して幕を閉じます。しかし、リデルはもともと100メートル走にエントリーしていました。有名な話ですが、リデルはそれが日曜日に行われることを理由に、競技への参加を拒否しました。

この映画の隠された皮肉は、敬虔なキリスト者であるリデルが信念をもって安息日遵守の立場を貫いたのに対し、ユダヤ教徒であるエイブラハムスは、ユダヤ教の安息日である土曜日にイベントが行われることに、何の問題も感じていなかったように見えることです。

リデルの姿勢は、少なくとも1960年代頃までの英国の多くの人々の状況を表しています。私が少年だった1950年代には、日曜日に通りで遊ぶのが禁止だったのを覚えています。すべての店が閉まって、日曜版の新聞の売店だけが朝の短い時間だけ営業していました。カフェやレストランもほとんど開いていませんでした。公共交通機関も、限られたスケジュールでしか運行されていませんでした。プロのスポーツも行われませんでした。もちろん、いまではそのようなことはありません。

この変化のすべてが良い方向に向かっているかどうかは意見が分かれています。日曜日の過ごし方を変えたいのは、もう1日売上を伸ばしたい大手小売店のように見えます（ただし店を1日延長しても、一般の人々のポケットに小遣いが増えるわけではありませんが）。しかし、その中心的主張は——他の世俗化政策を支持する他の主張と大変よく似ていますが——安息日に関するキリスト教の制限を、キリスト教の信仰を放棄した人や、そもそも最初から持っていなかった社会に押し付けるのは不適切であり、それにほとんどの人は日曜日を、教会や教会関連の活動に費やすことはないだろう、というものでした。

人間の仕事と休息のリズムに関する広範な一般原則を示そうとした「日曜日を特別に（Keep Sunday Special）」キャンペーンで手を尽くしたにもかかわらず、英国の多くの人々にとって、それは自分たちと無関係な時代遅れの慣習をてこ入れしようとするキリスト者の集まりのように感じられたのです。多くの人にとって、週に1日は惨めで、少なくとも退屈な思いをすると決めたキリスト者たちが、他のみんなにも惨めで退屈な思いをさせたいと思っていると見えたのです。

しかしそもそも、週の初日である日曜日がキリスト教の安息日であるなどと、誰が言ったのでしょうか？ キリスト者たちが、週の7日目についての古代イスラエルの律法を、週の1日目に関する同様な律法にいとも簡単に切り替え、それによって大きな解釈学的一歩を踏み出し、それがイエスやパウロの教えと明らかに衝突することになるのを気にする様子もないのは、いったいどうしたことでしょうか？

これは、歴史家にとって複雑な問題です。いろいろな意見が現れては消えていきました。イギリスの初期宗教改革者ジョン・フリスの著作を私が編集していたとき、彼の早すぎる死から40年後に出版され、多くの人に用いられた彼の著作の版の原文から一行が省かれていることが分かりました。フリスが生き、働いていたのは宗教改革の初期で、中世カトリックの「律法主義」と思われたあらゆる規則が一掃された目まぐるしい時代でした。

日曜日を守ることに関してフリスは、新約聖書は人を自由にしていると主張しました。礼拝に行ったら、その日の残りは好きなように過ごしてよいと。彼の死の40年後のエリザベス朝時代、彼の著作のほとんどをまとめた用心深い編集者は、フリスの書いた一文を印刷したくなかったので、その全体を省略したのです。それは、「律法主義」の再発明だったのでしょうか？また、フリスも後の編集者も主張した、聖書そのものの権威という点について、何が起こったのでしょうか？

これらの問題を解決するためには、どこから始めたらよいでしょうか？　明らかに、旧約聖書の内容から始めるべきです。

旧約聖書における安息日

安息日の基本原則は、創世記2章3節にはっきりと述べられています。しかし、そこに書かれているのは、外見上は単純ですが、じつに神秘的な深さがあり含蓄のあるものです。神は6日目に天地創造の仕事を終え、それから7日目に「休まれ」ました。これは何を意味するのでしょうか?

まず手始めとして、神は、世界とその中の出来事の前進運動である「時間」そのものを含む世界を創造しました。それは神ご自身も、神が創造したこの時間の中に、あるいは少なくともそれに関連して存在していることを意味していると思われます。神は、空間、時間、物質からなる世界を創造し、それが非常に良いものであると宣言しました(ですから空間、時間、物質を二流のみすぼらしいものと見なすのは間違いです)。そして、いわば、つねに働き、また創造しなければならないという絶え間ない必要性に縛られることなく、その世界を支配しておられます。

被造世界はどこかに向かっています。それはプロジェクトであり、絵画でも機械でもありません。そこにはリズムがあり、その中で、どのようにしてか、神ご自身の生命のリズムが私たちの生命のリズムと不思議に交差しているように見えます。

このことを理解する一つの方法として、聖書学者のジョン・ウォルトンは、古代近東の資料を詳細に比較研究したうえで、『創世記1章の再発見』(原雅幸訳、関野祐二・中村佐知監修、聖契神学校編、いのちのことば社、2018）という驚くべき本を発表しました。ウォルトンは、古代の世界では、ある神が6日間で何かを建てたという記事を読めば誰でも、それが基本的にその神自身のための住まいとしての神殿であることを知っていた、と主張します。そして、6日間の工事が終わった後に神がすることは、単に仕事をやめて休暇を取ることだけではありません。神は、新しく建てた家に入り、そこで「休む」のです。

それは、「楽にする」という意味があり、新しい家に住み、そこで安らかに過ごすのです。このことは、創世記における安息日の制定にまったく新しい視点を与えてくれます。ウォルトンが正しければ、それは創造主が自分の世界を楽しみ、天地を自分のための住居として祝ったことと関係しているのです。

神殿に関して言えば、全体の作業の最終段階は、構造がほぼ完成した状態で神自身の像を廟に安置することです。この「像」は、いわば両方向を向いています。それは家の中で神が臨在するための様式と手段であり、また神が受ける敬意と献身の焦点となるものです。ですから創世記では、一組の男女が新しく作られた世界における創造主の臨在の様式と手段、つまり彼らを通して他の被造物が実りある秩序を得る手段となっています。

そして、神のかたちを持つ二人は、安息日を守ることによって、創造主が自分の世界に対して持っておられる楽しみを共有するように召されています。創造主がすることは、そのかたちを持つ者も行います。彼らは共に「休む」のです。

創造主である神が仕事を終えて「休む」という考えはまた、神がその後も仕事を続け、その偉大なプロジェクトを進めていくことを意味します。それは、たとえば創造主がふんぞり返ってそれ以上の役割を果たさず、被造世界が自力で動いていくのを許すという、理神論とまったく対照的です。もちろん、創造主が「種」を持つ植物や動物を造ってそれらが自ら繁殖していくようにさせ、特に人間は創造主の代理人として世界に秩序と実りをもたらすように任命されているのは確かです。

しかしこのことを、創造主自身が永久に不在であるとか、あるいは活動していないことの示唆として受け取るべきではありません。むしろ、これらは神が選ばれた働き方なのです。神は、それ自体が創造的なエネルギーに満ちている世界を造りました。神が世界に「何かをする」か、ものごとは「自然の原因」によって起こるかのどちらかだという、よくある近代主義的な二者択一の考え方は、根本的に間違っています。いわゆる「自然の原因」は、それ自体が神の根本的な創造的活動の結果なのです。

創世記の残りの部分で安息日は明確な役割を果たしていませんが、出エジプト記ではそれが華々しく復活します。そこでは、20章で十戒が与えられる前から、16章のマナの話の中に6日間の生活リズムが明確に盛り込まれています。このことは、民数記15章32節にある、安息日に薪を集めた男が、その罰として石打ちの刑に処せられるという（私たちにとっては）衝撃的な話の中で、さらに強調されています。

　戒め自体は、出エジプト記20章8－11節で創造と結びつけられ、さらに興味深いことに、申命記5章12－15節で出エジプトそのものと結びつけられています。そこでは、奴隷からの解放を経験したイスラエルは、安息日ごとに奴隷自身にも自由な時間を与えるようにしなければならないということが指摘されています。その後、旧約聖書の残りの部分で、安息日は大きなテーマとして登場しません。

　しかし興味深いことに、安息日は、神の民に新たな忠誠心を求める神の呼びかけのしるしとして、捕囚時代と捕囚後の時代に現れます。また安息日が登場する場面で、安息日とは何か、なぜそれを守るのかを誰もが基本的に知っていて、問題はそれを守るかどうかだけであると暗示するような形で言及されています（ネヘ13・15－22、イザ56・2－7、58・13－14、エレ17・19－23――ここでは、安息日を守る者への約束に王政の更新が含まれています。さらに、出23・12、31・13、34・21、35・2、レビ19・3、23・3、民28・9、ネヘ9・14、エゼ20・13、22・26、44・24を参照のこと）。

　つまり、旧約聖書から得られる安息日のイメージは、それを実際に守ることと同じくらい、それが何を指し示しているかが重要な戒めとなっています。安息日は、創造された秩序がどこかに向かっていることを示すものです。先に述べたように、創造はプロジェクトであり、絵画や機械ではありません。安息日は、神ご自身の命のリズムが人間やイスラエルや全被造物のそれと神秘的に交差する、命のリズムを示しています。したがって安息日は、神殿が地理的な象徴であるように、創造主と被造物との相互作用の時間的な象徴なのです。「安息日を汚す」（たとえば、エゼ20・13、22・8、26、23・38）ことは、神殿そのものを冒涜することと類似しています。ここから、このような経験則に導かれます――神殿が聖なる空間であるように、安息日は聖なる時間であるのです。

この二つのテーマはもちろん、イスラエルの主要な祭りにおいて出会います。これらは収穫祭でもあり、出エジプトの出来事を歴史的に振り返るものでもありました。これらの祭りには、時間そのものが神秘的に折りたたまれる特別な安息日、「大安息日」が組み込まれていることがよくあります。その典型的な例が「過越祭《すぎこし》」で、イスラエル人は神が彼らをエジプトから解放してくださった時のことを思い出すだけでなく、「この夜」という表現で実際にそれを再現します。このような瞬間には、空間、時間、そして物質（過越の晩餐の食べ物や飲み物）さえもすべてが超越され、新しい方法で一つにされます。これは、創造が不充分だからではなく、創造主の目的が完了する時に向けて、それ自体を超えて前を指し示すようにデザインされているからです。

この中で、安息日の原則と命令が、（奴隷の解放としての安息日という）申命記の原則をこだまさせつつ新たな焦点を見出すという大きなテーマが浮かび上がってきます。安息日は、神の正義と貧しい人々や奴隷や動物への配慮のしるしとなります。したがって出エジプト記23章11-12節では、安息日は貧しい人々が休息する機会であり、これに奴隷や動物も含まれます。重要なことにこの原則は、安息日とまったく異なるように見えて、じつは安息日と非常に密接に関係しているテーマに発展していきます。それはヨベルです。

ヨベルとは、7年目に債務が免除されることであり、大ヨベルとは、それを49年目（もちろん7かける7です）に大規模にしたものです。この原則は、レビ記25章に記されています。7年ごとに「安息年」があり（25・1-7）、そのあいだは土地自体が安息を楽しむことになっています。しかしその後、49年（7の7倍、文字どおりには「7週の年」）が経過すると、ラッパの音が吹き鳴らされて「その地のすべての住民に解放」が宣言されます。先祖代々の財産が回復されるので、土地の売買に関する特別な法律が作られます（次のヨベルまでの収穫回数に従って売買します）。これは奴隷の売買にも当てはまり、イスラエルがエジプトで奴隷として過ごした時のことが、ここでも参照されています（25・47-55）。土地の安息年には、民はその土地から自然に育つものを食べることになっています。

しかし、ヨベルに関する最大の記述はイザヤ書61章にあります。そこでは、イザヤ書56章と58章における安息日遵守の主張に続いて、捕らわれ人に自由を、目の見えない人には目が開かれること等々の告知がなされています〔「目の見えない人…」の部分はギリシア語訳による。ルカ4章も参照〕。ヨベルの目的は基本的に、神の被造物と神の民を回復させることにあります。つまり、人間社会、人間の身体、人間の生命、そして彼らが耕す土地を正しい状態にすることです。したがって安息日の原則は、神の正義という大きな原則と密接に関係しています。

この正義とは、最終的にすべてのものごとを正すという（それ自体が創造の神学の一部である）神の意図という意味です。ヨベルは、人間が神の時間と神の贖いの目的を共有する特権を与えられた「聖なる時」の瞬間であると思われます。それは、創造主からその民、特に貧しい者や奴隷にされている者への賜物、すなわち正義そのものなのです。興味深いのは、日曜日を守るという概念を西洋諸国が消滅させたのに伴い（ただし、日曜日を守ることはしばしば誤解に基づいていたと後で指摘しますが）、貧しい人々のための正義としての債務の救済的免除という考えも消滅してしまったことです。

ヨベルの原則は、多くの次元を持つ安息日と言えるものですが、ダニエル書の中でさらに新たな次元を与えられています。バビロンに捕囚されたダニエルは、追放は「70年」続くとエレミヤが預言していたことを知っていました（エレ25・11、29・10、ダニエルの祈りはダニ9章で、エレミヤへの言及は9・2にあります。代下36・21、ゼカ1・12、7・5も参照）。ダニエルは、この70年がいつ終わって、捕囚がようやく解消されるかを知りたいと祈ります。

彼に応えた天使は、良い知らせと悪い知らせをもたらしました。救いは確かに来るが、70年ではなく、「7の70倍」すなわち490年になるというのです。これはヨベルのヨベルのようなものです。これは、捕囚とは、イスラエルの地が「その安息を享受する」ことを可能にする方法であり、貪欲な住民が利益を得るために拒否していた安息年という考え方と同義であると思われます（レビ26・34、43、代下36・21）。

土地自体が、絶え間ない搾取からの休息を必要としていました。捕囚と帰還は、イスラエルの偶像崇拝に対する単なる表面的な罰ではなく、土地に必要な安息を神が与え、それによって神の民と被造物全体を適切な方法で回復させるしるしなのです。このように、安息日の原則は、より大きな歴史に織り込まれています。それは神が、「新しい創造」と刻まれたパターンで働かれる、という意味です。イスラエルと世界の、人間と被造物のための正義は、単に繰り返される象徴的なパターンの繰り返しだけではありません。神は最終的に、一回限りの出来事としてそれらを与え、完全に与えられるのです。

このように、旧約聖書の安息日は、一見しただけで思うより（単に「従うべき命令」を求めて人々が聖書を読んだときもそうですが）はるかに複雑な制度や象徴なのです。それは、週の7日目に単に仕事を控えよという命令より、はるかに大きな意味を持っています。それは（まず何よりも）、謙遜と希望への呼びかけです。

つまり、仕事とは（多くの人にとっては土地を耕すことでした）、がむしゃらで絶えることのない貪欲が人生の最終目的ではないと認識する謙虚さです。什分の一や、特に上等な動物を生贄《いけにえ》として捧げることと同様、安息日を守ることは、イスラエルや人間が、実際に世界を所有し、動かしているのは自分たちだという考えから一歩退く行為でした。

週7日も働き続けることは、創造主であり備え主である神への信頼を失うことにつながります。そして安息日は希望でもありました。それは神が約束を守り、直線的な時間の中で繰り返されるサイクルを通して、やがて究極の「休息」をもたらしてくださるという希望です。そして、神が初めにご自分の被造物を「楽しまれた」ことや、カナン征服後にイスラエルがその土地で「休んだ」ことに相当します。（ですから、約束の地とそこにある神殿は、神が全世界の所有権を主張し、その中に住もうと願っておられることの前触れであると考えられます）。

贖いの時を見据えるというこの原則は、イスラエルの国民生活において、50年のサイクルを通して具体化されるはずでした。このサイクルは、全被造世界のより大規模な贖いの標識であり、それ自体毎週の安息によって暗示されていたものです。さもなければ、創造はトーフー・ワボーフー、すなわち「混沌」、創造以前の混沌状態に戻ってしまう、とエレミヤは警告したのです（エレ4・23。創1・2を参照している）。

新約聖書で、安息日に何が起こっているかを理解するには、この全体像を念頭に置くことが重要です。安息日に関する聖書の古代的イメージを、厳格に課された、盲目的に従うべき規則や法律に切り詰めてしまうことは――そしてイエスやパウロを、偉大な反律法主義者として称えることは――まずそれを矮小化し、次に誤解するものです。そしてついには、古代イスラエルにおける、さらにはイエスが始め、パウロが実践した安息日原則の本当の意義を無視することになります。

旧約聖書の複雑で入り組んだ安息日の原則を理解したら、私たちは単にそれを継続すればよいのではないかと考えるかもしれません。私は農夫ではありませんが、安息日が守られていれば、現代の農業はもっと良くなっていたのではないでしょうか？　しかし、新約聖書では別のことが考えられています。つまり、イエスにおいて、神は新しいことをしておられるのです。

新約聖書における安息日

先に見たように、新約聖書における安息日について最も奇妙なことは、その言及がほとんど見当たらないことです。他の９つの戒めはさまざまな形で再確認されていますが、この戒めはありません。しかも、イエスもパウロも、１世紀のユダヤ人の安息日遵守に真っ向から挑戦しているように見えます。人の子は安息日の主であり、安息日は悪を行うためではなく、善を行うために作られた、というのです。このことやそれに伴う行動のために、イエスの命を狙う陰謀が企てられることになりました（マコ２・23－28、３・１－６。ルカ13・10－17の並行箇所も参照）。

ヨハネによる福音書では、ベトザタの池での最初の安息日における癒やし（ヨハ５・１－18）が怒りと脅迫を引き起こし、同様の反応は、生まれつき目の見えない人の癒やし（ヨハ９・１－17）の後に、再び強調されています。共観福音書の物語に加えて、安息日に行われたこれら二つの癒やしは、安息日遵守にこだわるファリサイ派の人々は「律法主義者」であり、イエスは彼らに対して外面的遵守や人間の自己努力による宗教ではなく、心と恵みの宗教という別の種類の宗教をもって挑戦したのだという解釈を、長年にわたって生み出してきました。

1世紀のユダヤ教をより深く理解している最近の研究でよく指摘されますが、これは当時もその後も、多くのユダヤ人が、安息日を制度としても実践としても捉えていた実際の方法を、正当に評価したものではありません。特に、日々の生活や仕事が過酷なものであった人々にとって、7日目は休息とリフレッシュに必要な場となっていました。

前に述べた論点を繰り返すと、ユダヤ教では、神殿が神聖な空間であるのと同じように、安息日は神聖な時間であるとする感覚がありました。それはいまでもそうです。安息日は、神の時間と人間の時間が重なり合い、交差する時間と考えられており、すばらしい音楽を聴くときのように、時間を異なる方法で、異なる質で感じることができます。

ではなぜイエスは、この偉大な、神から与えられた制度を鋭く切り裂いたのでしょうか？唯一可能な説明は、実際とても納得できるものですが、それはイエスが、安息日の制度全体が指し示していた新しい時代の幕開けを信じていたから、というものです。ヨベルの中のヨベル、安息日の中の安息日、つまり神の目的と人間の生活がついに一緒になる時を宣言し、それを実行するためにイエスは来られたのです。したがって、安息日に関するイエスの行動は、私が他の本に書いた神殿に関するイエスの行動とまったく類似しています。

イエスは、あたかも自分が神殿であるかのように振る舞い、自らの権威をもって人々に赦しを与えました。そのため、イエスがエルサレムに来たときには、既存の神殿とその権威者たちが指し示すべき現実を、実際は彼らが変質させてしまったことを突きつけたため、衝突が避けられませんでした。この類比から、イエスは少なくとも一部のファリサイ人による安息日の実際の解釈と（非公式な）「執行」についても鋭く批判していたのではないかと考えられます。（ファリサイ派は非公式な圧力団体でしたが、当時もいまも、公的な行動に対する非公式な守護者や自称守護者たちは、自分たちのシステムに従うよう人々を説得する方法を持っているものです）。

しかし、根本的なポイントは、「時が満ち、神の国が近づいた」〔マコ1・15〕という、イエスが唱えていた終末論的な主張でした。時が満ちたとは、創造主である神が天地創造で始めたプロジェクトと、出エジプトで始めた贖いのプロジェクトが、目的地に到達したことを示しています。イスラエルの運命、人類の運命、被造物の運命が、イエスの中で実現していたのです。彼の肉体的な存在そのものが、神殿が指し示すリアリティであり、彼の人としての生涯、より具体的には彼の短い公生涯は、神の時間と世界の時間が重なり、交差する瞬間だったのです。少なくとも、それが暗黙の主張でした。

当時の多くの人々にとって、それはばかげたスキャンダラスなものに思われましたし、いまでもそう思われています。イエスに従った者たちは、イエスの復活によってその主張が実現したと主張しました。復活には新しい時間の意味がありました。特にヨハネの記述では、「週の初めの日」〔ヨハ20・1〕は新しい創造の始まりを象徴しています。

長いあいだ待ち望まれていた時の成就を最も明確に述べているのは、ルカによる福音書4章16-30節の有名な「ナザレのマニフェスト」です。ここでイエスは、イザヤ書61章を呼び起こしていますが、これ自体、ヨベルに関するレビ記の律法を参照しています。イエスは、貧しい者への良い知らせ、捕らわれ人への解放などが起こる時代を切り開く人であり、いまこそそれが実現する時なのです。彼は「この聖書の言葉は、今日、あなたがたが耳にしたとき、実現した」（ルカ4・21）と語りました。それは単に「おやまあ、聖書の一節が成就した！」というふうに、ある政治評論家の予言が実現したときのコメントのような、雑多な意味ではありません。むしろそれは、イスラエルの歴史全体、そしてそれと共に宇宙の歴史全体が、究極のヨベルを迎えたことを意味していました。それは、イスラエルだけでなく、その日、ナザレで危険なほど明らかになったように、全世界にとっての自由と平和の時だったのです。

すぐに期待と意味の衝突が起こりました。政治的解放のための直接的行動を望んでいた同時代の多くの人々の願望をイエスが満たしていないのは明らかでした。（イエスによる神の王国の宣言は、従兄弟《いとこ》であるバプテスマのヨハネの投獄と処刑に何の影響も与えませんでした）。しかし、象徴的行為や説明的なたとえ話を通して、彼は自分のメッセージを貫きました。それは、同時代の多くの人々が期待していたものと違ったとしても、それこそイスラエルが待ち望んでいた時代だ、ということです。

しかし、もしこれが成就の時であるならば、成就の時が来ていないことを示唆する形で、週毎の安息日という予告標識を強調し続けることは不適切です。「人の子は安息日の主なのである」。ピカデリー・サーカス〔ロンドンの中心にある広場〕にロンドン方面を示す看板を立てることはありません。イエスは、神の解放の時が到来したというメッセージを伝えるために、特にその癒やしを通して意図的にそのような言動を選んだと思われます。それは、神の時と人間の時、神の救いの力と壊れた人間の命がついに交わる瞬間だったのです。「私のもとに来なさい。あなたがたを休ませてあげよう」とイエスは言いました〔マタ11・28〕。

このことを理解しようとせず、安息日をこれまでどおりに守ることに固執するのは、事実上、作物が実り始めたときに畑を耕すことに固執するようなものです。安息日は、(マルキオン風に福音書を読んだ多くのキリスト者が考えたような)愚かで、不必要で、ささいな制度ではありませんでした。ましてやそれは、ペラギウス的な道徳主義、つまり、神の好意を得るための「善行」のシステムでもありませんでした。そのような「善行」は、規制に縛られた精神に応じて微調整され、社会全体がそれに従わされることもあります。

しかし古代ユダヤ教の他の多くの事柄と同様、安息日は未来を指し示すサインでした。そのリアリティが訪れたとき、そのサインは不要になっただけでなく、新しい事実から目をそらさせる危険な存在になる可能性さえあったのです。太陽が昇って寝室に黄金色の光を溢れさせているときに、まだ朝かどうかを確認しようと目覚まし時計を見続けるのは、倒錯しています。

初期のキリスト教運動は、イエスにおいてその新しい事実がついに到来したのであり、それまでの予告標識は、たとえ神から与えられたものであっても、いまとなっては不要なものとなったのだ、という信念に基づいていていました。

このことは、安息日の遵守に関する記述がパウロの手紙にない理由を端的に説明しています。彼は最初の手紙と思われるものにこう書いています。「しかし、時が満ちると、神は、その御子を女から生まれた者、律法の下に生まれた者としてお遣わしになりました。それは、律法の下にある者を贖い出し……」（ガラ4・4－5）。この贖いを受けた者は「神の子」であり、神は彼らに「御子の霊」を送ります。このようにして、彼らは「神を知るようになり、むしろ神に知られるようになった」のであり、その結果、古代ユダヤ人の時間や、もちろん古代の異教徒の時間も示す日、月、季節、年に縛られることはなくなります。

したがって、ガラテヤ書4章4節の「時が満ちると」という言葉は、4章10節にあるような時間的なしるしを注意深く守る必要をなくします。コロサイ書2章14－16節で安息日の遵守やその他のユダヤ教の祭りを退けているのも、同じ論理によるものです。同様に、異なる背景を持つキリスト教のグループをまとめるという課題に直面したとき、パウロは安息日に対して反対でも賛成でもない態度を取ることができます。安息日を守る人もいれば、守らない人もいて、どちらのグループも他のグループを裁くべきではありません（ロマ14・5－6）。

（安息日をアディアフォラ*として扱い、教会を分裂させてはならないものとする）後者の点は、メシアであるイエスにおいて、神の新しい夜明けが訪れたという基本原則が大々的に承認されて初めて許されるものです。「今こそ、恵みの時、今こそ、救いの日です」とパウロは他の箇所で書いています（二コリ6・2。イザ49・8を引用）。ローマ書3章21節の「しかし今や」という言葉と、ローマ書3-8章全体に見られる強い成就の調子は、今や人々が安心して実践における変化を許すことのできる状況を作り出しています。しかしこの原則の中で、思いがけない角度からさらなるテーマが現れます。パウロは、夜明けが訪れたこの新しい時代では、「行い」は神の民を見分ける方法ではないと主張します。信仰のみによる義認とは、いいかいいいいいいいいいい、いわば古代の安息日を新たに先鋭化したものなのです。

この関連性は、ヘブライ書の中で明確に示されています。この手紙はイエスによって発足した新しい時代全体を偉大な「安息日の休息」として想定し、「神の休息に入る」者は「行い」をやめると語っています。ヘブライ書3章7節-4章11節の一連の流れ、特にその最後の数節は、詩編95編7-11節の釈義を提供しています。そこでは、荒野の放浪の物語と、ヨシュアが民を約束の地に導いた物語を、約束された「安息」という観点から喚起しています。しかしヨシュアは明らかにそれを提供しませんでしたし、詩編はそれを、まだ未来の可能性として示している、というのです。

* 無関心の事柄。聖書が命じても禁じてもおらず、各自が個人の良心に従って判断して良い事柄のこと。

ローマ書8章にたどり着くと、被造物自身が滅びの束縛から解放され、神の子どもたちが現れて得られる自由を分かち合います。そのとき、創世記1章と2章のプロジェクトは、罪がもたらした破壊的結果を中途で克服し、規則的な安息日を道標にした聖書の偉大なナラティヴが、最終的に意図された結論に達することが分かります。

これこそが安息日が指し示していたゴールです。この目標、すなわち万物の刷新は、イエスの死からの復活においてすでに原理的に与えられています。世界に対する神の主権的な支配と、創造と契約の両方に対する神の真実としての神の「義」は、安息日とヨベルが共に成就することで一つになります。これは究極の自由の瞬間であり、神も人間も同様に「安息」し、くつろぐことができる「新しい神殿」の完成なのです。

ヨハネによる福音書は、同じテーマをまったく異なる方法で表現しています。この福音書を貫くよく知られた一連の「しるし」は、イエスが十字架上で死なれたとき（おそらく）7番目のクライマックスの瞬間を迎えます。古い創造と古い契約は完了しました。私たちはいまや、新しい創造の夜明けを待つのです。このことは、20章1節でヨハネが「週の初めの日」を強調していることに象徴されています。

このことは、イエスが十字架にかけられた日、つまり、神がご自身のかたちに似せて人間を創造された週の6日目、ピラトが「見よ、この人だ」と宣言した日（19・5）に私たちを連れ戻します。この時イエスは、「完了した《テテレスタイ》」と言われましたが、これは最初の創造記事の結びにある完成の言葉と同じです（ヨハ19・30、創2・1-3）。その後、安息日である7日目の「休息」が訪れ、イエスは墓の中にいます。そしてもちろん、週の初めの日、すなわち復活の日が来るのですが、ヨハネは私たちが見逃すことのないように、朝と夕にこの点を繰り返しています（ヨハ20・1、19）。

これに加えて、ヨハネによる福音書のイエスが、「私の父は今もなお働いておられる。だから、私も働くのだ」（5・17）と説明していることを考慮すると、イエスご自身が（ヨハネの福音書では明らかに）神殿の成就であるのと同様に、安息日の成就でもあり、神の時間と神の空間がイエスに集約されているという感覚が強まります。イエスの復活によって始まった新しい創造は、持続する神人的な時間です。それは一瞬だけのものでも、瞬間の連続でもなく、継続する質の高い時間です。これについては、もう少し後に詳しく追求してみましょう。

ヨハネの黙示録も同様に、複雑な7の連なりで構成されています。しかし、21章で新しい天と地が明らかにされ、このリアリティそのものが到来したとき、その瞬間を指し示していたすべての道しるべが崩れ去ることが分かります。神殿がないだけではありません。太陽も月も夜もありません。「神と小羊」の光の中で、終わりのない日がもたらされるようです。ここは、神と小羊の人格的な臨在によって、神殿が指し示していたリアリティ、すなわち「場所」であるだけではありません。それはまた、繰り返された安息日が指し示してきた「時」でもあります。

完全なものが来れば、部分的なものは廃れるのです。

これらすべてを考えれば、初期の教会が週の初めの日を「主の日」として祝っていたことは驚くべきことではありません。イエスは新しい創造を開始されましたが、いまや毎週の初日は、ユダヤ教の安息日の遵守ではできない方法で、この点を強調しています。パウロは、コリントのキリスト者が週の最初の日に集まることを期待しています（一コリ16・2）。このパターンは使徒言行録20章7節にも現れますし、黙示録1章10節では、週の最初の日が説明なしにただ「主の日」と呼ばれています。

週の初日はもちろん、異教徒もユダヤ人も含めて、古代世界のすべての人々にとって通常の労働日であったことを忘れてはなりません。キリスト者たちは、その日に（おそらく仕事が始まる前の非常に早い時間に）集まることで、イエスが死そのものに勝利したことを象徴的に実演していたのです。使徒時代以後と2世紀のさまざまな著作家たちが時間と安息日の概念について探求していますが、それはこの時代の主要な関心事ではなかったと言ってよいでしょう。「週の初めの日」が古代世界のあらゆる地域で通常の労働日であったこと、そしていまもそうであり続けていることから、他にも分かることがあります。初期のキリスト者たちは、安息日遵守の基本原則である通常の労働の停止を、この新しい日に移そうとした形跡はまったくありません。いずれにしてもそれは、一家全員が改宗し、主人が奴隷に休みを与える場合は別として、まったく現実的ではなかったでしょう。

キリスト者たちは、それまで現実的でないと思われていたさまざまなことを行いましたが、このことについては無理に主張したような形跡すらありません。通常の生活は続けなければならず、初期のキリスト者が異教徒のやり方に協力させられていると不満を漏らしたり、ユダヤ人が古い日を守るように、「自分たちの」新しい日を守ることを認めてもらおうとキャンペーンを張ったりもありませんでした。「安息日」が日曜日に移されたのは、もっと後のことです。

安息日、時間、そしてキリスト教の希望

あたかもユダヤ教がプラトン主義に取って代わられ、重要な時間の概念全体が一掃されたかのように、無時間的なヴィジョン、無時間的な福音、時間の世界を忘れて神の無時間的な永遠性の中に入るように呼びかける、時間の外にいる神からの、時間を超越した言葉によって、安息日の古い制度がキリスト教の時代に乗り越えられた――そのように言うのは簡単ですが、あまりにも安易すぎます。もう一度言いますが、これはあまりにも安易です。しかし、西洋のキリスト教世界では、多くの人がそのような道を歩んできました。

実際これは、安息日を守ることは律法主義的であり、初期のキリスト者はより「精神的」な宗教を信じていたので、単なる反律法主義者にすぎなかったとする「標準的」見解と結び付けられることもあります。これでは、新約聖書に書かれていることを誠実に説明することはできま

せん。またこの領域で聖書を「権威あるもの」とすることが何を意味するかを見出そうとしてもできません。

私たちが直面しているのは、むしろもっと複雑で興味深いもののように思えます。（神の良き創造の一部である）直線的な時間は続いていますが、それはいま、新しい現象、新しい種類の時間と交差しているのです。これは、T・S・エリオットが「時なき時と時との交点」〔『四つの四重奏』より〕と呼んだものではなく、二つの異なる種類の時間の交わりです。神の時の中では、過去と未来の出来事が一緒になることができますし、実際にそうなることもあります。

ある意味で出エジプトがイエスの死の中で再現され（別の意味で、毎回の過越祭の中で再現されていたように）、新しい創造そのものがイエスの復活の中で予期されているように、時間は伸縮自在に組み合わされたり、離れたりできるようになっています。これを「聖霊の時」と呼ぶことさえできるかもしれません。使徒言行録では、五旬節の日が「完全に到来した（symplērousthai）」〔使2・1〕と語っていますし、レビ記23章5－21節では、五旬節そのものがヨベルの一形態、すなわちトーラーの中で神が自らを与えてくださったことを祝う中に、時間が集約されている瞬間なのです。

これらすべては、イエス自身のペルソナに焦点を当てています。そして、（率直に言って）「イエスの神性」と呼ばれるものを証明するか反証するかに夢中になっている現代の西洋人は、正統派も過激派も同様に見えなくなっているテーマがあります。それは、イエスを取り巻く「神性」や「人性」という、どちらかというと平坦な西洋的カテゴリーより初期のキリスト者たちにとって、はるかに濃密で刺激的な「意味」のグリッドを提供しているように思えます。初期のキリスト者にとって、イエスは新しい神殿であり、言い換えれば、天と地が一緒になる場所であり、その手段でもありました。

これまで示唆してきたように、初期のキリスト者たちにとっても、イエスの宣教、死、復活は新しいヨベルでした。つまり、神の解放の目的が、ついに人間の生活と交わり、恒久的なヨベルの状態を生み出す時のことなのです。さらに、これはまったく別の主題ですが、十字架につけられて復活した物理的な肉体を持つイエスは、パウロが言うように、「満ち溢れる神性がことごとく、見える形をとって宿って」いる物質的存在でもあることが分かりました〔コロ2・9参照〕。そしてこれらすべてのことは、聖霊によって、また聖霊を通して、聖霊が宿っている人の中に、またその人を通して、同様に当てはまるのです。

ここには、単に「日曜日」が「キリスト教の安息日」であるかどうかという問題や、それに合わせた新しい労働規制を考えるよりも、はるかに大きな問題があると私は思います。むしろ私たちは、イエスにおいてまたイエスを通して、そしてイエスの霊において、また聖霊を通して、空間、時間、物質そのものの贖いと変容に直面しているのです。

キリスト教のさまざまな律法主義者たちが（教皇絶対主義者やピューリタンも含めて）、いくらそのようなものを創出したいと思っても、ここから旧式の安息日厳守主義に戻ることはできません。それはせいぜい、イエスと聖霊によって、新しい存在のあり方、つまり新しい創造の様式、新しい人間のあり方が世界に打ち出されたという良い知らせを探求し、実行するという、はるかに刺激的で重要な仕事から目をそらすものになるだけです。

では、直線的な時間そのものはどうなるのでしょうか? ある人は、プラトン的な不健全な血が頭に上ったためか、時間を重視すべきではない、さもないと歴史そのものがキリスト者の注意を、危険にもそらせてしまう、と提言しました。しかし、黙示録21章と22章に描かれている新しい創造の姿は、それと異なるものです。そこでは、新天新地において、新しいプロジェクトを含んだ新しい創造の光景が描かれています。「その木の葉は諸国の民の病を癒やす」(黙22・2)とありますが、この場面全体が、怠惰という意味での静的な「休息」ではなく、新鮮で生き生きとした生活、祝祭、充実した働きの場であるように思えます。

現世の後に「休息」があるとすれば、黙示録ではそれを最終的状態ではなく、人間の死と復活のあいだの時間として位置づけています(黙6・11、14・13)。最後に起こるのは「休息」ではなく「統治」、つまり神の民が神の世界を支配し、同時に、もちろん神ご自身と小羊の礼拝者となることです(詳細は拙著 *After You Believe* 参照)。

このことから、時間は依然として直線的なものではあるけれども、他の時間体系とさまざまな形で交差しているという概念に戻ってきます。その結果、通常の時間の継続的なつながりには、古代の出来事が現代になり、未来の出来事が現在に向かってやってくるという、記憶と予期の両方が反映されています。これこそ、アウグスティヌスが記憶と想像力の探求において語っていたことだと思われます。少なくともアインシュタイン以降の現代物理学が模索してきたのは、このことではないかとも私は考えています。

このような感覚は、単純な直線的時間と三次元空間という近代主義のパラダイムによっておおい隠されていましたが、いまや一種のカムバックを果たしつつあります。おそらく私たちの世界は、本当はこれまで気づいていたよりはるかに複雑なのでしょう。そして、私たちの信仰の先人たちはそのことに気づき、その多次元的な複雑さを象徴やイメージで表現していたのかもしれません。私たちはそれらを軽視してきましたが、いまやそれを思い起こす立場にあるのです。

被造物を神格化したり、あるいは無視しようとしたりするのは、結局のところ異教がすることです。でも他の道があるとしたらどうでしょうか? 被造世界は結局のところ、神ご自身と、神のかたちに造られた私たち自身の住まいとして造られたのだとしたら、そして「水が海を覆うように地は主の栄光を知ることで満たされる」〔ハバ2・14参照〕ために造られた被造物自体が、詩編19編が示唆しているように、この物語を前もって語ることができるとしたら、どうでしょうか? 言い換えれば、宇宙はある意味で礼典的であると仮定してみましょう。それはまだ完全ではありません。なぜなら最終的な贖いはいまだ未来のことであり、実現しすぎた終末論

(overrealized eschatology)〔終末の時代がすでに完全な形で到来したとする立場〕の危険性が他の場合と同様に、ここでも現実のものとなっているからです。

しかし、ジェラード・マンリ・ホプキンス〔19世紀の英国の詩人。カトリックに改宗〕が見たように、世界はすでに「神の偉大さに満ちみちて」おり、現在の腐敗によって隠されてはいますが、取り除かれていない未来の栄光をすでにはらんでいるのではないでしょうか? 安息日が真の道しるべであり、安息の時だけでなく、栄光の時、すなわち、神が被造物の中でくつろぎ、被造物が神の中でくつろぐ時を指し示すものであったとしたらどうでしょうか? これは、空間、時間、そして物質の変容を意味します。この変容は、礼典の神学が最善を尽くして観察しているものですが、無から生み出せるものはほとんどありません。

ここでもまた、黙示録21章と22章に描かれている神の究極の未来像が、豊かな洞察力を与えてくれます。都に神殿がないのと同様、(先ほど見たように)太陽も月もありません。まだ時間と呼べるものはあるようです。なぜなら、プロジェクトがあり、なすべき仕事があり、諸国民を癒やすための木の葉があり、地上の王たちが財宝を都に運んでくるからです。これらの豊かな象徴が、その究極の現実に関連して何を意味するかは別にして、確かなことは、それらは交響曲の最後の和音が永遠に続くような、静的な存在のことを語ってはいないということです。新しい世界には、新しい音楽があるのです。

旧約聖書の安息日の命令は、被造物に対する神の目的と、その目的に関するイスラエルの位置を指し示す真の、そして必要な道しるべであった、というのがこのセクションでの私の中心的主張です。しかし、創世記2章3節の観点から言えば、それは、神が天と地からなる被造世界の中に来て住まいを設け、ご自分の民のただ中でいつまでも暮らされることを示すしるしでした。したがって福音書では、安息日におけるイエスの行動は、「私の父は今もなお働いておられる。だから、私も働くのだ」(ヨハ5・17)というイエスの信念を力強く表しています。

安息日は来るべき終末のしるしです。新約聖書では、あたかも人となった終末そのもの、聖なる時間が命を得た存在であるかのようにイエスが行動していると語られています。初期のキリスト教で安息日の戒めが姿を消したことの背景には、単純な「律法主義の否定」などではなく、このことがあるのではないかと思います。そしてこれこそが、安息日に関する驚くほど複雑な聖書の内容が、どのようにして現代の、あるいはどんな時代のキリスト者にとっても強力な権威となるかを考える手掛かりなのです。

今日における安息日?

これまでの議論から、安息日の遵守に関して私たちはどのように結論づけたらよいのでしょうか? そして、私たちの根本的なテーマである「聖書の権威」、あるいはむしろ聖書を通して行使される神の権威について、何を学べたでしょうか?

まず出発点として、私たちの考察から言えることは、十戒を今日繰り返すことには大きな問題があるということです。教会のメンバーは長いあいだ、「私は主、あなたの神、あなたをエジプトの地、奴隷の家から導き出した者である」といった言葉をふるいにかけ、その偉大な主張を心地よい単なる比喩的な前置きとして聞くことができました（そしておそらく、それをイエスの死と復活の牧歌的な出来事と結びつけることができたでしょう）。

しかし、彼らは安息日の戒めを「解読」することができたでしょうか？ 私はそうは思いません。実際、新約聖書に安息日の命令が含まれていないにもかかわらず、キリスト教の典礼に十戒のすべてが含まれているのは、長年にわたるキリスト教の安息日主義と関係するのかもしれません。それは、何の疑問や皮肉も抱くことなく、「主の日」が旧約聖書における7日目に関する律法の意味をすべて獲得したのだと仮定しているからです。

それでは、旧約聖書の安息日に当たる「キリスト教の等価物」はないのでしょうか？ 私はあると思います。しかし、その仕組みはまったく異なっています。天と地がイエス・キリストにあって一つになり、新しい日が明けたいま、私たちは（その観点から）永遠の安息日の中で生きているのです。「時は満ちた」のです。そして私たちは、ここにある、すでに新しい種類の時間が開始されたという成就のニュアンスを軽視してはいけません。ですから、どんな種類の「キリスト教的安息日」であっても、それを祝う方法は、つまり——祝うことです。音楽や美術、ダンス、家庭生活などでの創造的な方法で、天と地がイエスにあって新しい形で真に一緒になったこと、古い安息日の「休息」が新しい安息日の「祝祭」に置き換えられたことを認識することです。

このような時間の観念は、キリスト教の空間（または「場所」）と物質に関する観念と類似しています。「新しい神殿」がイエスの中に聖霊によって設立されたからといって、聖なる空間に関する適切なキリスト教的神学が存在しないわけではありません。ちりから造られた私たちの人間性の一部と神の子がなることによって、いまやすべての被造物が新しい方法で聖化されました。

だからといって、神の臨在と愛の様式として尊ぶように、神ご自身が教えられた特定の被造物の要素、すなわち、水とパンとぶどう酒がなくなることにはなりません。さらに、マタイ25章でイエスご自身が述べているように、私たちはこれらの要素に加えて、貧しい人や困っている人のことを考えなければなりません。私たちが彼らにすることは、良いことも悪いことも、主ご自身に対してしていることだとイエスは言われました。これらはすべて、来るべきリアリティへの新しい道しるべとなるものです。

同様に、祈りや礼典や礼拝においてイエスが知られ、称えられ、呼び求められる場所は、イエスの栄光が地上を完全に満たすための道しるべとなります。聖餐式の聖体は、その将来の栄光に満ちた創造から前借りするようにして、現在においてイエスの臨在と力を伝えます。同じように、私たちは一見衝突しているように見える二つの現実を認識しています。確かに時は完全に来ていますが、それでも「悪い時代」なのです（エフェ5・15－16、コロ4・5）。時はすでに完全に贖われ、変容していますが、いまだ完全に贖われてはいません。だからこそ、私たちは現在においてもそれを「贖う」ように命じられているのです。キリスト者が安息日の要素を新たに取り入れる場合、このような全体像の中で見なければなりません。

ここで、私たちはさらに知恵を働かせる必要があります。健全な人間の生活は、被造物、動物、貧しい人々、搾取されている人々に対する神の目的をつねに考慮します。私たちは特に、神の臨在が新たな方法で知られるようになった、成就したけれどもまだ贖われていない新しい種類の時間を、もっともうまくマークするのにふさわしい方法を考え出す必要があります。実際、初期のキリスト者は、古い安息日を新しい日曜日に「翻訳」しようと考えるずっと前から、主の日を、完全にふさわしいある方法でマークしていたと思われます。それは、時が満ちて勝利のうちに迎えられた主の死について語る食事を共に祝うことでした。

そして主の日は、この中心的な行為を中心にして、やってはいけないことではなく、むしろ、やることが良いことであり、適切である具体的な行為に取り掛かる時であると考えられます。それはある種の仕事を拒否することではなく、別の種類の仕事――癒やしやあわれみや創造性や正義や美や愛の仕事――をすると心に決めることです。これらの行為は、私たちが週日のあいだに行う行為と異なるかもしれません。

日曜日は多くの文化において、刑務所を訪れたり、地元のホスピスでボランティア活動をしたり、高齢者や家から出ることのできない隣人に時間を割いたり、恵まれない子どもたちを遊びに連れ出したり、支えてくれる家族を見つけるのを助けたりするのに最適な日です。これらすべてのことは、イエス・キリストにある神の時と私たちの時が一緒になっていることを象徴的に思い起こさせると同時に、まだ来ていない完全な贖いの時を指し示しているのです。

しかしこれは、西洋近代特有の絶え間ない労働への熱中が、元のあるべき場所にしっかりと戻され、人間生活全体の賢明な秩序づけがすでになされていることが前提です。農夫は畑の端まで刈り取ってはならず、貧しい者や動物のために何かを残しておくべきであるという申命記の命令の現代的意味を再考する必要があるかもしれません〔申24・20–22、レビ19・9–10、23・22参照〕。すなわち、農家の建物の軒下に巣を作っていた鳥が寄り付かなくなったり、何千匹もの小動物や昆虫が生息していた生垣を、大きな畑を作るために伐採したりすることで与える生態系への予期せぬ大きな影響といったことへの再考です。

私たちの世界では、ある人にとっては仕事が多すぎ、ある人にとっては仕事が少なすぎるという悪い兆候が見られます。ある人は1日12時間以上もオフィスにいて、ある人は何もせずに家や街でくつろいでいるというように、物事は危険なほどアンバランスになっています。時間を賢く使うことは、この不均衡を解消するためのプログラムの一部となるでしょう。絶え間なく時間を使いすぎるのは、結局のところ、資源に対する神経質な不安から来ているのです。もう少しお金を稼ぐために、もう少しだけ仕事をしなければならない……というわけです。

私が提案している主日〔日曜日〕の新鮮な使い方は、1週間の他の6日間自体が仕事と休息の面でバランスが取れている場合にのみうまく「働く」のかもしれません。これらのことは、安息日の原則だけでなく、特にヨベルの原則の「適用」でもあります。


イエスがヨベルを宣言し、実施されたいま、キリスト者が行える最大のことの一つは、まさに負債からの解放です。世界の最貧国の多くが抱えている莫大な馬鹿げた返済不能の負債を帳消しにする必要があることを、私は他の本で書きました。しかし、世界中の政府が突然、大金持ちの銀行の借金の帳消しに同意する時代が来るとは思ってもみませんでした。金持ちには今日がヨベルだ、運が良ければ貧乏人には明日やってくるさ、とでも言うのでしょうか? このように、世界はたがが外れており、イエスのメッセージの深い心を取り戻すことが急務となっています。

とりわけ、創世記2章の「休息」が、神がご自分の建てた家、つまり天と地の神殿に「住む」瞬間であるとすれば、規模の大小を問わず、家庭をシンプルな存在の場、小規模ではあっても創造的で満足のいく家庭生活を営む場として祝福することには多くの意味があります。もちろん、日曜日に関する私の提案を、すでに多忙を極めているキリスト者の家庭生活に追い打ちをかけるものだと受け止める人がいたら、私が提案した構想全体が崩れてしまうでしょう。

要するに私が言いたいのは、旧約聖書の安息日からキリスト教の日曜日への直接的な「移行」は存在せず、また存在し得ないということです。また、安息日を廃止することは、「ユダヤ教の律法主義」とも、被造物である人間に対する神の絶対的かつ完全な要求を緩めることともいっさい関係ありません。むしろイエス・キリストの福音は、他のすべてのものと同じように、安息日を裏返しにしてしまうのです。それは私たちの責任を問い返してきます。あなたはこの日曜日に、創造的で、正義と慈悲をもたらし、癒やしと希望を与えるようなどのようなことをしようとしていますか？　これは、神のすべての約束がイエス・キリストにあって「然り」であると認められ、それが実践においてどのような意味を持つかを、危険を冒してまで考えようとするキリスト者の典型的で特徴的な姿勢です。

私たちは間違いを犯すかもしれません。他の場合と同じように、ここでも私たちは「心を新たにして自分を造り変えていただ」かなければなりません。そして、その聖霊が与えてくれるプロセスが作用するにつれて、私たちはとりわけ失敗から学ぶのです。私たちの継続的な直線的時間が、天地創造、出エジプト、そして何よりもイエスという神の過去の出来事、また万物の刷新という神の未来の出来事、すなわち被造物全体が最終的に正される裁きと慈悲によって撃ち抜かれ、区切られ、侵入されるとき、間違いでさえも恵みの喜劇の中で取り上げられるのです。

聖書を読むこと、そしてそれによって神の権威の下に生きることについて、これらのことは私たちに何を教えてくれるでしょうか？ 私は、いくつかの重要なことがあると信じます。

まず、旧約聖書に書かれているありとあらゆる「戒め」を取り上げ、イエスが死から復活した後も、それらをそのまま適用できると考えられないのは明白です。しかし、強調しておきますが、これは旧約聖書が劣った啓示であり、メッセージを私たちに伝える最初の粗末な試みであり、そこから人々が理解し始め、メッセージが歪められなくなるにつれて、後に「より良い」ものへと「進歩」したからではありません（この論理で行くと、いまでは私たちはさらに進歩したので、新約聖書の一部も捨てることができるかもしれないことが暗示されます）。

このような反応は、西洋の世界や教会の多くの人々にとって、聖書が一種のルールブックとして基本的に考えられており、そこでの唯一の問題は「ルールは何か？」「それをどのように適用するか？」でしかないからこそ起こるものです。聖書は、それ以上のものです（ただし、それ以下でもありません。「規則」というより、キリスト者としての人格を形成するガイドラインとして重要であることは変わりませんが、より大きな聖書の文脈がなければ、なぜそれがそのようなものであるのか、どうやってそれに取り組むべきなのかを理解することができません。拙書 *After You Believe* を参照）。

私がこの本で主張してきたように、聖書は物語であり、その権威は、物語がどのように機能し、私たちがその中でどこに属しているかを学ぶときに発揮されます。5幕の劇で言えば、旧約聖書の安息日律法は、第3幕の重要な部分であり、まさに第1幕そのものに根ざしています。しかし、第4幕が新しい日を迎えるとき、第3幕は脇道や僻地としてではなく、新しい成就のための地ならしをするために必要な、期間限定のステップであると考えられます。そして、第5幕に生きる私たちは、生命を与える福音の「いま」に置き換えられてはいますが、変わらぬ意義を持っている安息日を理解するために、全5幕の物語を語り続けなければなりません。

旧約聖書の安息日の命令を、いまは幸いにも廃止された古代の制限的な規則としてだけ扱うのでは、イエスがルカによる福音書4章やその他の場所で大々的に断言した次の原則全体を無視することになります。神は、ご自分の被造物の中に、その空間、時間、物質の中に住むために、じきじきにやって来られることを意図していました。そして、そうされたとき、神の主要な仕事は、捕らわれ人に自由をもたらし、とりわけ負債からの解放をもたらすことでした。

ここでもまた、（以前は）自助的なモラリズムの宗教を教えていた部分があるという観点から聖書の権威を考えることが、いかに浅はかで誤解を招くものであるかが分かります。その考え方とは、専制的な戒律の典型例として安息日を守ることで、何らかの形で神の好意を得ることができるとされていたが、新約聖書の「権威」は、このような屈辱的な生活様式を廃止することで旧約聖書を凌駕《りょうが》することである、というものです。「律法主義」と「反律法主義」の間の古い対立は、聖書の主要な問題がどこにあるかを誤って表現しています。むしろ、イエスご自身とその死と復活によって示された大きな転換期があり、私たちはこの転換期に照らして聖書全体を読まなければならないのです。私たちはこのことを無視し、イエスと無関係に旧約聖書や新約聖書からいろいろな原則を勝手に引き出せると思い込んではなりません。これまで見てきたように、聖書の権威とは、イエスご自身の権威の機能なのです。

しかし、この偉大な移行があったからといって、私たちが旧約聖書を無視できるわけではありません。それどころか、これから来たるべきことに対する神から与えられた道しるべとしてのナラティヴやシンボルである旧約聖書を参照することによってのみ、新約聖書の意味を理解することができるのです。このように聖書を読むことは、創世記から黙示録までのすべてを、その本来の姿で肯定することです。つまりそれは、イエス・キリストをクライマックスとする物語、私たち自身が包み込まれる、結末の開かれた物語、天と地が一つになる物語、神と人類が一つになる物語、過去と未来の時間がイエス・キリストという一つの現在に包み込まれ、それによってすべての時がその臨在の中で造り変えられる物語なのです。

私たちは、神の新しい創造の終わりなき安息日に生きるように召されていますが、その一方で、古い創造はその完全な贖いを待ち望み、労苦の中でうめき続けています。後者の状態（被造物のうめき）は、私たちが仕事と休息の適切なリズムで人生を賢く秩序立てる必要があることを意味します。それは、ところと場合に応じてうまく交渉していくべきものであり、ほとんどの場合、何らかの適切な方法で創造の7日間のリズムを尊重することになります。しかし、前者の条件によれば、出エジプト記と申命記の古い7日目の安息日はその役目を終えたのです。

そして私たちが、神の王国の終わりのない安息日がすでに発足していることを認識していなければ、混乱したガラテヤ人のように、「信仰が来る前」〔ガラ3・23〕の時代のために作られた規則という、見かけ上の安全性に戻りたくなります。

これら「すでに」と「いまだ」の両面が、イエスの奇妙な行動や発言を説明してくれます。それはまた、この特別なケースにおいて、聖書の権威が実際にどのように機能するかを示す手がかりでもあります。

夜のろうそくは、太陽が昇れば余計なものになります。「聖書の権威」という言葉は、聖書が明らかにそうであるように、それ自身を超えて、創造と契約の物語、リアルな時間と世界の物語を指し示しているときにのみ、正しく機能します。その物語は、イエスご自身においてクライマックスに達し、世界が切に聴きたいと願っている自由と休息のメッセージ、安息日のメッセージによって、いま世界に手を差し伸べているのです。

第10章　ケーススタディー──単婚制

聖書がどのように神の権威を媒介するかについての私の二つ目の「実例」は、単婚制（一人の男性と一人の女性の間で生涯続く結婚）という、一見ありそうにない問題に関するものです。「一見ありそうにない」と言いましたが、これは現代西洋の視点から見た場合です。その世界では、教会の内外にいる人々は共に、この問題が提起されること自体に驚くでしょう。

もちろん、世界には複婚制が認められ、奨励されている地域がたくさんあることはよく知られています。この直前の文に「今日でも」と書き入れてからすぐ削除したことを打ち明けます。家族のモラルは着実に「進歩」していて、以前は「原始的」だった生活様式を捨て去ったという考えは、まさに私たち西洋人がこのような問題を明確に考えるときの妨げになる恩着せがましい思い込みの一つです。

2010年初頭、南アフリカ共和国の大統領がエリザベス女王陛下を公式訪問した際、彼が何人かの妻たちを同伴したことに英国の新聞は驚きと好奇心、そして少なからぬ民族的優越感を表現していました。彼女たち（妻たち）は、この取り決めに満足しているようでした。質問を受けた大統領は、自分の文化では複婚制が昔もいまも標準であると主張しました。他の現代西洋諸国同様、英国では重婚（妻が二人いる）でさえ違法なのですから、複婚制は何重にも違法ということになります。これは実際、興味深いことです。

今日の世界の多くの地域では、このような視点はそれ自体が特異なものであり、またもや恩着せがましい態度に思われるでしょう。実際、多くの伝統的な社会やイスラム教徒の多い国などは、キリスト者の間でよく知られた問題が起きています――ある男性がキリスト者になったとき、すでに三人の妻がいたとしたら、どうしたらよいでしょうか？　離婚することは禁じられています。複婚もまた禁じられています。アフリカのあるキリスト者たちの解決策は、そのような人がキリスト者になってもよい、一人の妻以外の妻を捨てる必要もない（多くの文化で、それは非常に残酷なことです）、しかし――これは重要なことですが――聖職に就くことはない、というものでした。また、キリスト教に改宗した複婚者の子どもは、両親が受け入れたキリスト教の信仰を捨てない限り、複婚をしてはいけないというものです。

世界の現状は、多くの西洋人が思っているよりはるかに複雑で分かりにくいです。もちろんよく知られているように、アメリカでのモルモン教徒は自分たちの主張をし、彼らのライフスタイルを貫いています。しかし他の多くのアメリカ人は、それは疑問を投げかけるだけで、答えを提示していないと考えています。

私の知る限り、単婚制が規範であるという前提に対して疑問を持つ人は、現代の西洋世界にほとんどいません。確かに現在、アメリカの一部の地域ではポリアモリーの動きがあります。ポリアモリーとは、三人以上の男女が、さまざまな種類の性的関係を含めて、お互いの生活を共有することに同意する取り決めのことです。これは、複婚制をより緩やかにしたもので、少なくとも原理的には複婚制と両性愛、一夫多妻制と一妻多夫制を組み合わせたものであると考えられます。しかし現代社会では、ほとんどの人が単婚制が標準であると考えています。それ以外の選択肢を持ちたい人は、正当な、あるいは不当な方法で結婚の基本単位を増やそうとするのでなく、密かに不倫するか、離婚して再婚するかのどちらかの道を選ぶのが普通です。三角関係は残念ながら一般的ですが、三人婚はそれほどありません。

単婚制の規範を正当化するために、ユダヤ・キリスト教の伝統を参照する人が多いと思われます。しかし、なぜでしょうか？　聖書のどこに、結婚はつねに一人の男性と一人の女性の間でのみ行われるべきだと書かれているのでしょうか？　聖書に登場する偉大な英雄たちの中には、二人の妻（とさらに二人）を持ったヤコブ、数十人の妻を持ったダビデ、数百人の妻を持ったソロモンなど、複数の結婚をしたことで有名な人たちがいるではありませんか？　新約聖書のどこに、これからは許されないと書いてあるでしょうか？

私は西欧諸国の社会的状況が、このことや、このことによって提起される聖書解釈や権威の問題について、より多くの人が言及するのを妨げているのではと思います。この本で私たちが関心を持っているのは、聖書の権威の問題ですが、この場合の「聖書の権威」が実際にどのような意味を持つのか、実際のテーマに沿って考えてみる必要があります。

結局のところ、記憶している限りでは、西洋諸国の大多数の人々は同性愛者の行為について、いまでも多くの人々が複婚制について考えているのと同じように考えていました。これは奇妙な行いであって、「我々」の許さなかったものだ、と。何と時代は変わったことでしょうか。そして、同性愛行為に関する継続的な議論の中で、「新しい」自由化を支持する人々は、古代の最も明白な禁止事項が記載されているレビ記などの書物を軽蔑しているのです。結局のところ、レビ記には豚や貝を食べることが禁止されていたり、複数の異なる素材で作られた衣服を着ることが禁止されていたり、今日の科学的な医療では不要と思われる、あらゆる種類の疑似医学的な規則や規定が記載されています。それなのに、なぜ性行為の規定には注意を払わなければならないのか、という論法です。

それに――ここで今日、多くの聖書の誤読の背後にある暗黙の前提が働くのですが――旧約聖書は結局のところ律法の宗教、厳しい禁止や規則の宗教だったけれども、新約聖書は恵みの宗教であり、規制が緩和され、禁止が取り除かれ、以前は禁止されていたあらゆる種類のもの（豚肉、貝類）が許可され、以前は義務付けられていたあらゆる種類のもの（割礼、安息日）が任意である「包括的」な世界を提供している、というわけです。

「聖書がどう機能するか」に関するこのような認識は、今日の西洋世界や教会の多くに蔓延《まんえん》していています。それなら、単婚制のように、旧約聖書自体が現代西洋の習慣よりはるかに「リベラル」

であると思われる場合、何が問題なのでしょうか？　もしイエスのメッセージが包括的なものであるなら、本能的に複数のパートナーを同時に求めている人々を含めてはいけないのでしょうか？　もし新約聖書が、寛大で、律法に縛られない、心の広い、何でもありの包容力のために、旧約聖書の厳しい制限を通常は緩和しているのなら、旧約において明らかに一般的で、新約において決して明確に禁止されていない複婚の正当性、価値、「自然さ」を、イエスに従う者たちはなおさら認めるべきなのではないでしょうか？

単婚制のケースでは、このようなアプローチ全体が実際はいかに間違っているかが明らかになります。このテーマは、近年の議論の中心でなかっただけにいっそう、「聖書の権威」が実際にどのような意味を持つか、非常に興味深いテストケースとなっています。

もちろん、旧約聖書が複婚制であふれているわけではありません。アダムとエバは他の点で機能不全に陥っていたかもしれませんが、単に他の選択肢がなかったとしても、少なくともお互いだけと結婚していました。しかし、その数世代後に、アダとツィラという二人の妻を持つレメクが登場します。レメクは、敵に何度も復讐するような暴力的な人物で、創世記の記者はそれを否定的にとらえているようです（創４・23－24）。しかし、彼が二人の妻を持っている事実については、ただ肩をすくめて通り過ぎているように見えます。

でもそれは、神がその民イスラエルを召される前の、荒っぽい無法時代のことだ、と私たちは言うかもしれません。その民がきちんと確立すれば、そのような創造の秩序を乱すような行いは解消されるのではないでしょうか? そうとも言えますし、そうでないとも言えます。始まりはあまり期待できるものではありませんでした。1世紀近くに及ぶサラとの単婚制の結婚生活の後、アブラハムはサラ自身の提案により彼女の女奴隷であるハガルを第二夫人に迎えますが、彼女が息子を産むと、それが新たな問題を引き起こしたことに気づきます。創世記の語り手は、この時点で何かを伝えようとしているのかもしれません。そうだとしても、それはまだ隠された状態にあります。

次の世代では、イサクとリベカの堅実な単婚制の結婚が実現します。1662年版『聖公会祈祷書』の結婚式の項で、忠実な単婚制の好例として、イサクとリベカが祈りの中に織り込まれているのを見ると、私はいつもほのぼのと愉快な気持ちになります。この祈りを作った人は、イサクとリベカの前後の世代に何が起こったかを考えると、危険な領域に足を踏み入れたことになります。アブラハムは先ほど述べたように、結婚の祈祷書のためには選ばれなかったでしょう。そして、イサクの二人の息子も同じく失敗者でした。

まず、長男のエサウはヒッタイト人の女性ふたりと結婚し、両親を苦しめました（創26・34-35）。そしてもちろんヤコブは、偶然によって二人の妻をめとり、次に意図的にさらに二人（妻たちの女奴隷）をめとりました。ヨセフの偉大な物語が展開されていく中で（ヨセフは、ヤコブのお気に入りの妻であるラケルとの間の長子でした）、ここでもまた、このようなことは非常に愚かなことであり、涙のうちに終わるだろうと語り手は伝えたいのかもしれません。そうであるとも言えますし、そうでないとも言えます。「あなたがたは私に悪を企てましたが、神はそれを善に変え、多くの民の命を救うために、今日のようにしてくださったのです」とヨセフは最後に兄たちに語りました（創50・20）。

ということは、旧約聖書では重婚や複婚を、必ずしも最善の方法でなかったとしても、許容範囲内の代替手段として認める用意があるのでしょうか？ 物語が進むにつれ、そう思われるかもしれません。実際モーセの律法では、その可能性を法制化しています。

ある人に二人の妻があり、一人は愛され、もう一人は疎まれていた。愛されている妻も疎んじられている妻もその人の子を産み、疎んじられていた妻の子が長子である場合、その人が息子たちに財産を継がせる日に、長子である、疎んじられている妻の息子を差し置いて、愛されている妻の息子を長子とすることはできない。疎んじられている妻の息子を長子と認め、自分の全財産を分けるときに、二倍の分け前を与えなければならない。この息子が父の力の初めであり、長子の権利は彼のものだからである。（申21・15－17）

同様の箇所が出エジプト記21章7－11節にもあり、男が奴隷の少女を妻として買い取り、その後、別の妻もめとる可能性を法制化しているように見えます。その場合は「彼女から食事、服、夫婦の交わり減らしてはならない」(21・10)とされています。

続く証言も同じ方向を指しており、王政がそれを劇的に増加させます。サムエルの父に二人の妻がいて、より愛している妻には子どもがなく(サムエルが生まれるまで)、より愛していない妻には子どもがいるという微妙な綱渡りを演じています(サム上1・1-28)。しかし、ダビデに至っては複婚制が大々的に始まります。サウルはすでに娘のミカルをダビデに妻として与えていますが(サム上18・20-29)、ダビデはサウルから逃げなければならなかったので、この関係は長続きしませんでした。その後、ダビデはナバルの未亡人アビガイルを新たな妻とし(サム上25章)、ついでのように「イズレエル出身のアヒノアム」を妻とします(サム上25・43)。

そして先のミカルは、ダビデが家を出た後に他の男と結ばれていましたが、サウルの死後、ダビデは彼女を取り戻します(サム下3・12-16)。これは貞節や愛というより、(サウルの娘にライバルの王家を作らせたくないという)王朝の戦略を反映した悲しい話です。まもなく二人はけんかをして、ダビデが彼女に呪いをかけた結果、彼女に子どもはできませんでした(サム下6・20-23)。いずれにしても、ダビデは王としての地位を確立すると、他の古代の権力者(そして現代の権力者も)が常々行っていることを行います。「ダビデはヘブロンから移った後、エルサレムでも側女《そばめ》や妻をめとったので、彼にはさらに息子や娘が生まれた」のです(サム下5・13)。

そしてもちろん、一見合法的な手段で手に入れた妻や側女に満足することなく、ダビデは姦淫と殺人という別の橋を渡ります。バト・シェバは彼の妻の数に加えられ、勇敢で高貴な彼女の夫は計略によって殺されます（サム下11）。

語り手は、ダビデのその後の災難の原因は複婚制ではなくこの姦淫にあることを、単純なやり方でなくナラティヴ全体のダイナミズムを通して示しています。家長の道徳的堕落は家全体に広がります。ダビデの息子アムノンが異母妹タマルをレイプし（サム下13）、それがもとでアブシャロムがアムノンを殺害し、さらにアブシャロムが反乱を起こします。そのクライマックスは、アブシャロムが王宮の屋上の天幕で、公衆の面前で父の側女たちのところに入ったことです（ここはダビデが最初にバト・シェバを見た場所でした。サム下11・2、16・22参照）。ダビデの屈辱は確固たるものとなり、反乱が鎮圧されてダビデが権力を取り戻しても、すべては変わってしまいました。ダビデが年老いて、廷臣たちが新しい若い側女を連れてきて彼の活力をよみがえらせようと考えたとき、彼が性的関係を持とうとしなかったという事実に、それとない皮肉があります（王下1・1-4）。

語り手は、ダビデが他のイスラエル人より多くの妻を持っていることを、あまり気にかけていないようです。（実際、もし制限がかけられるとしたら、拡大していく家族を養うことができるかだけが問題だったようです）。問題となったのは複婚制ではなく、姦淫だったのです。

また、ダビデの後継者であるソロモンの問題点は、複婚制ではなく多神教でした。ソロモンは、若いときにエジプトのファラオの娘と結婚しましたが（王上3・1、9・16）、その後、外国人女性との結婚を重ねました。これは、父の模範や申命記7章3-4節の（通常は後代のものとされる）

命令に反しています。ここで、語り手は単刀直入に言っています。

ソロモン王はファラオの娘をはじめとして、モアブ人、アンモン人、エドム人、シドン人、ヘト人など多くの外国の女を愛した。これらの国民について、主はかつてイスラエルの人々に、「あなたがたは彼らと結婚してはならない。また彼らもあなたがたと結婚してはならない。さもなければ、必ずやこれらの国民が、あなたがたの心をその神々へと向けさせるだろう」と言われた。だがそれにもかかわらず、ソロモンはこうした者たちを愛して離れることがなかった。彼には多くの妻、すなわち七百人の王妃と三百人の側室がいた。この女たちが彼の心を誤らせたのである。ソロモンが年老いたとき、女たちは彼の心を、他の神々へと向けさせた。彼の心は、父ダビデの心とは異なり、自分の神、主に対して誠実ではなかった。ソロモンは、シドン人の女神アシュトレト、アンモン人の憎むべきものミルコムに付き従って行った。ソロモンは、主の目に悪とされることを行い、父ダビデと異なり、主に従い通すことはなかった。その頃ソロモンは、モアブの憎むべきものケモシュと、アンモン人の憎むべきものモレクのために、エルサレムに面した山に高き所を設けていた。また、あらゆる外国の女たちのためにも同じようなことをしたので、彼女たちは自分の神々に香をたき、いけにえを献げていた。（王上11・1–8）

私たちは、ダビデが主に完全に従っているという考えに眉をひそめるかもしれませんが、これは明らかにダビデが主に対して罪を犯し、自分でもそのことをよく知っていたにもかかわらず、他の神々を礼拝しなかったことを意味しているようです。しかしここには明らかに、まっとうな複婚制を示す聖書的な一次資料があります。歴史上最も賢明な人物、ソロモンです！そこにはいくつもの皮肉があり、それについての探求はおろか、言及することさえできません。

聖書に出てくる複婚主義者は、これらの有名人だけではありません。インターネットで検索してみると、複婚制が何らかの形で「聖書的」であることを提案しているウェブサイトでは（www.biblicalpolygamy.com）「聖書的複婚主義者」として、次のような人々を列挙していま す（何人かについては、実際そう書かれているというわけではなく、暗示されているだけですが）。アブドン、アビヤ、アブラハム、アハブ、クセルクセス、アシェル、ベルシャツァル、ベン・ハダド、カレブ、ダビデ、エリファズ、エルカナ、エサウ、エズラ（聖書でおもに活躍するエズラではなく、それ以前のエズラ）、ギデオン、ヘマン、ホセア、イブツァン、イッサカル、ヤコブ、ヤイル、ヨヤキン、ヨラム、エラフメエル、ヨアシュ、レメク、マキル、マナセ、メレド、モーセ、ナホル、レハブアム、サウル、シャハライム、シムイ、シメオン、ソロモン、テラ、ゼデキヤ、ツィバ。

何人かについては議論を呼ぶかもしれません。たとえば、民数記12章1節でモーセが結婚したクシュ人（すなわちエチオピア人）の女性が、出エジプト記2章21節で彼が結婚したレウエルの娘ツィポラと同じ女性かどうか明らかでありません。実際、クシュ人の女性が別人であれば、ツィポラはそのときまだ死んでいなかったことになります。しかし、このリストは大変よくできています――ある事柄が「聖書に書かれている」というだけで、そのことが自動的に証明されると考えている人にとっては、ですが。

またこのサイトでは、旧約聖書にYHWHご自身が複婚制で、イスラエルとユダの両方と結婚していたかに描かれていると指摘しています（エレ3・6－14、エゼ23・4）。もちろん私たちは、イエスの「不正な裁判官」のたとえのように〔ルカ18章参照〕、比喩的イメージから確実な神学的主張を引き出そうとすべきではないと反論するかもしれません。しかし預言者たちがそのようなイメージを恥としなかったことは確かに注目に値します。

また同サイトでは、第一コリント書5章で、パウロが近親相姦の男と対峙したとき、「父の妻」と言っているのは母親以外の誰かであると仮定し、問題の父親には少なくとも二人の妻がいたという結論を導き出しています。これについても、父親は妻を亡くしたか離婚して再婚していたかもしれませんが、この点についてはひとまず置いておきましょう。このサイトは明らかに特定の路線を推し進めようとして、そのやり方は妥当というより創意工夫に富んでいるといったところです。けれども証言は証言として考慮に入れなければなりません。

聖書の権威について論じている本書で、これらすべてを通して提起されなければならない問いは、「だから何なのだ?」ということです。

ここで、聖書の権威について特に重要なポイントに私たちは近づいています。聖書には多くの事柄が記述され、多くの物語が語られ、多くの人物が描かれています。それらは、どのように振る舞うべきかの手本として意図されたものではありません。これは明白なはずです。しかし、「聖書に書かれている」ということだけが重要であるとしたら、私たちはキリスト教(あるいはユダヤ教)の真摯な聖書の読み方を、聖書は役に立つヒントの寄せ集めだという考え方に変えてしまうことになります。

これは別の段階で議論した、新約聖書の要点は少なくとも「初期キリスト教の経験」を記録することにある、という思想の悪しき根源です。それは、そのような「経験」こそが第一に重要なことであり、人々がそれに近づくことを可能にし、イエスに最初に従った者たちの初期の熱意を取り戻せるものなら何でも歓迎し、さらに権威あるものとして扱うべきだ、というのです。私の意見では、それは根本的に大きな間違いです。そして、聖書に登場する複婚の人々すべてを単純に一覧にして、あたかもそのような論点に貢献しているかに考えることも、同じ罠《わな》に陥っていると言えるでしょう。

しかし、旧約聖書の紛れもない英雄であるアブラハム、ヤコブ、ダビデ、ソロモンの四人が、議論の余地なく確実に複婚であったとしたら、そして聖書の語り手が、結果として生じた問題に注意を向けながら、複婚そのものを非難していないとしたら、どうでしょうか? キリスト者としてまじめに聖書を読んだとき、どのような根拠に基づいて、それが実際に複婚制を支持していないと言えるのでしょうか？

新約聖書の場合はどうでしょうか？ イエスの時代までに、ユダヤ人の世界で複婚制はほとんど消滅していたようです（これ自体興味深い問題ですが、いまは扱いません）。しかし、異教徒の文化の中に複婚制がかなり普及していたこともあり、初期の異邦人改宗者の多くはもちろんそれらの文化から来ていました。教会の役職者が複数の妻を持つことを禁止したり（一テモ3・2、テト1・6）、教会の公式な未亡人リストに複数の夫を持った人を載せるのを禁じたりした（一テモ5・9）のは、そのような背景があるからだと思われます。

しかし、なぜ禁止されているのでしょうか？ これは二つのことを暗示しているように思えます。第一に、教会の中に複婚の人がいた、あるいはいること、そして第二に、初期のキリスト者は、教会は公式の代表者として、一線を維持しなければならないと信じていたこと、そして教会の公的な代表者たちには、単婚と独身主義がただ二つ許される選択肢であることを証しすべきだ、と考えていたことです。

なぜでしょうか？

その疑問に答える前に述べたいのは、他の関連分野でも明らかなように、この領域での新約聖書は、旧約聖書よりはるかに厳しいということです。旧約聖書は厳格な法律を設定し、それを律法主義的に適用し、後になって恵みや許しや包括性などの新宗教によってその律法全体が一掃された、ということはありません。それどころか、その逆です。旧約聖書によると、離婚は簡単です（ただし、後期の預言者の一人は、神はそれを嫌っていると宣言しています。マラ2・16参照）。新約聖書は非常に厳格で、特殊な状況を除いて離婚は禁じられています（マタ5・32、19・9、一コリ7・8–17）。私の考えでは、これらの箇所は、そこに示してある理由での離婚後の再婚を認めていますが、それと意見を異にするまじめな学者もいます。

旧約聖書では、独身はまともな選択肢として取り上げられていませんでしたし、新約聖書の世界も同じで、ほとんどの人が結婚していました。しかし新約聖書では、イエス自身の例に倣ったことは確かですが、独身主義は本格的なしっかりした選択肢でした（一コリ7・1–8、25–40）。このことは、特に女性にとって人目を引くことでした。結婚適齢期の女性が未婚でいることは、多くの地域で社会的に危険視されたでしょう。しかしパウロは、（ベテランの牧師として）すべての人に当てはまるわけでないことを知っていましたが、結婚には特有の悩みが生じることも知っており、独身の実践を価値ある選択肢として称賛しています（一コリ7・28）。

したがって、旧約聖書を厳しい律法主義の書とし、新約聖書をソフトな選択肢と気楽な包括主義の書とするのは、まったくもって間違っています。その逆です。新約聖書では新しい創造が始まっており、イエスに従う者は、その新しい創造の家族の一員として、新しい創造そのものがどのようなものであるかのモデルとして生きることが期待される厳しい課題が提示されているのです。

（これまでのいくつかの長い議論をまとめると）このようなことが可能なのは、イエスが十字架の上で、そして復活において、すべての悪の力に勝利したからであり、またイエスに従う者にイエスの霊が与えられたからです。これらすべてをもってしても、新約聖書自体やその後のキリスト教の教師たちが証言しているように、新しく創造された人生への道は困難で複雑なものなのです。しかも、その要求が緩むことはありません。

キリスト教は当初から、アリストテレスやピュタゴラスの倫理に代わる「新しい倫理」——より易しいか難しいか、より厳格かそうでないか——ではありませんでした。それは、人間としてのまったく新しいあり方であり、考えたり、内省したり、判断したり、選択したりすることで成長することを要求する、人格と性格の徹底的な革命だったのです（このことについては、別のところで書いています。拙書 *After You Believe* 参照）。

では、新約聖書のどこに単婚制の原則が記されているのでしょうか？　それはまさに新しい創造について述べている箇所にです。最も印象的で明白なのは、イエスが離婚について真っ向から問われた箇所です。この箇所の文脈は、政治的な場面設定が暗示されています。ヘロデ・アンティパスが弟フィリポの妻をめとったことは誰もが知っていました。そしてイエスの従兄弟である洗礼者ヨハネがまさに、これに反対の立場を表明して投獄され、首をはねられたこともみなが知っていました。イエスも同じ罠にはまってしまうのでしょうか？

公衆の面前では、そうはなりませんでした。その後、「家に戻ってから」弟子たちがもっと詳しく尋ねると、イエスは、離縁して結婚する者は姦淫の罪を犯すと言ったのです（マコ10・10-12）。これは、この福音書の他の箇所で、印象的ですが不可解なことをイエスが言った後、政治的に微妙な点を密室で弟子たちに説明するシーンと平行しています（たとえばマコ7・17-23）。しかし公の場では、イエスは第一の原則を説明するにとどめています。

> ファリサイ派の人々が近寄って、「夫が妻を離縁することは許されているでしょうか」と尋ねた。イエスを試そうとしたのである。イエスは、「モーセはあなたがたに何と命じたか」と問い返された。彼らは、「モーセは、離縁状を書いて離縁することを許しました」と言った。イエスは言われた。「あなたがたの心がかたくななので、モーセはこのような戒めを書いたのだ。しかし、天地創造の初めから、神は人を男と女とにお造りになった。こういうわけで、人は父母を離れて妻と結ばれ、二人は一体となる。だから、もはや二人ではなく、一体である。従って、神が結び合わせてくださったものを、人は離してはならない」（マコ10・2-9）

この箇所は、キリスト者が聖書全体を読む際の問題として、非常に重要な箇所です。モーセはあなたがたにその命令を与えた……しかし、創造の初めから……。つまりイエスは、モーセの律法全体が原則として一時的な制度であり、いまや到来した、より大きなプロジェクト、すなわち創造全体の更新、創世記1章と2章で描かれたプロジェクトの再開を進めるためにそれがデザインされたものだと言っているのです。

先に述べた5幕の劇に即していえば、(第4幕にいる)イエスは自分の登場によって、(第3幕の一部である)モーセ律法の一時的な制度は、神から与えられた働きを終え、これからは、それがつねに補助してきた主要目的、すなわち、第1幕で始まったが第2幕のために中断され、歪められたプロジェクトを救い、再開させるという働きに道を譲るのだ、と主張しているのです。「第3幕」では「あなたがたの心がかたくななので」必要でした。しかし、イエスが単に残酷なこと(「あなた方が心がかたくなで、この厳しい律法を守れないことは分かっているが、とにかくそれを要求する」と)を言っているのだと理解するのでなければ、これは、イエスが心のかたくなさに対する治療法を提供しているという意味で理解しなければなりません。

これを理解して初めて、私たちはいま直面している解釈学的な課題を理解し始めることができますし、私たちが現在直面している道徳的な課題は言うまでもありません。イエスは、私たちが聖書を創造と新創造の物語として読み、旧約聖書の特定の法を、その大きな目的のための暫定的な一時的手段として読むべきだと言っているのです。

このことを理解すれば、たとえば、ユダヤ人と異邦人が一つの体として一緒になった新しい共同体では、割礼や食物規定などのイスラエル固有の規則が無意味であると言ったパウロの主張の大部分が一気に説明できます。しかし、単婚制の問題についての結果は大変興味深いものです。イエスやパウロは、アブラハム、ヤコブ、ダビデ、ソロモン、そして彼らと同じく複婚であった人々に対し、パウロがアテネの哲人たちに言ったようなことを言ったかもしれません。神はそのような無知の時代を見過ごしていましたが、いまは新しいことを始め、被造世界を、本来あるべき姿に造り変えようとされているのです、と（使17・30参照）。

そして、オリジナルの創造の中心に私たちが見いだすのは、男と女、この二人が一つになることです。エフェソ書5章にある壮大な文章で、またしてもパウロがこのことを最も完全に称賛しています。この文章は、それを階級的であるとか抑圧的であるとみなす人々の間で、多くの心痛を引き起こしました。ここでの夫の自己犠牲的なモデルより抑圧的でないものを想像するのは難しいですが、それは私がいま言いたいことではありません。パウロはここで、イエスと同じ創世記の文章を引用しています。

妻たちよ、主に従うように、自分の夫に従いなさい。キリストが教会の頭であり、自らがその体の救い主であるように、夫は妻の頭だからです。教会がキリストに従うように、妻もすべてにおいて夫に従いなさい。夫たちよ、キリストが教会を愛し、教会のためにご自分をお与えになったように、妻を愛しなさい。キリストがそうなさったのは、言葉と共に水で洗うことによって、教会を清めて聖なるものとし、染みやしわやそのたぐいものは何一つない、聖なる、傷のない、栄光に輝く教会を、ご自分の前に立たせるためでした。そのように夫も、自分の体のように、妻を愛さなくてはなりません。妻を愛する人は、自分自身を愛しているのです。これまで、誰もわが身を憎んだ者はいません。かえって、キリストが教会になさったように、わが身を養い、いたわるものです。私たちはキリストの体の一部なのです。「こういうわけで、人は父母を離れて妻と結ばれ、二人は一体となる。」この秘義は偉大です。私は、キリストと教会とを指して言っているのです。いずれにせよ、あなたがたも、それぞれ、妻を自分のように愛しなさい。妻は夫を敬いなさい。(エフェ5・22-33)

これらすべては、(a)オリジナルの創造が善いものであり、(b)創造主である神がそれを造り変える仕事をしている場合にのみ意味をなすものです。これらは二つとも、初期の教会がそうだったように、最近の世代でも攻撃を受けています。

まず創造が良いものであることについてですが、ある人たちは初期のグノーシス派のような二元論を再び導入しようとしています。彼らにとって被造物(空間、時間、物質、そして特に性と生殖というやっかいな問題全体)は、基本的に悪であり、救いとはそこから救い出されることであると言います。ここから二つの方向性が生じる可能性があり、実際、そのようになりました。肉体的な快楽をできるだけ避けようとする禁欲主義か、もしくは肉体は無関係で無意味なものなので、その欲望を満たすことに害はないとする自由主義のどちらかです。後者はまた、肉体は無関係なので、どのような性的行動が適切であり、どのような行動が不適切であるかを見分ける指針となる「自然法」は、それ自体の内に存在しないという考えに至ります。

しかし、イエスに導かれた初期のキリスト者にとって、このような選択肢はありませんでした。最初の創造は、男女の人間のペアがその冠であり、彼らの結合は最終的に天と地そのものを含む物語における他の結合のしるしや象徴であり、したがって良いものであり、再確認されることになる、というものです。（また、最初の男女が自分たちの性器を恥じたのは罪のゆえであったことにも気づくでしょう）。

2番目の点についてですが、創造主である神は、最初の被造物を廃棄するのではなく、造り直そうとして働いておられます。新約聖書に深く織り込まれているこの原則は、さまざまなタイプの二元論の遺産によって、しばしば不明瞭になっています。これらの二元論は、被造物そのものが救い出され、造り変えられるのではなく、人間（おそらく「魂」）が被造物から、救出されるという観点から救いを捉えていた点で共通しています。しかしここでも、イエス自身に従い、特にその復活の意義を考えていた初期のキリスト者たちの考えは、この点についてまったく明瞭でした。復活は、神が万物を新しくされることの始まりだったのです。

このプロジェクト全体のゴールは、黙示録21章と22章に素描されており、それはあらゆるグノーシス主義に対する最終的な答えとなっています。聖書の神は、被造物を見捨てたり破壊したりすることを目的としているのではありません。聖書の神は、被造物を捨てたり壊したりするのではなく、それを救い、再構築することを目的とされています。その際、黙示録が、それ以前の多くの聖書資料、特に旧約聖書においてイスラエルが神の花嫁であるというイメージから採用した偉大なイメージは、結婚についてのものです。それも天と地の結婚だけでなく、より具体的には、エフェソ書5章でパウロが述べているような、キリストと教会の結婚であるのです。

このイメージは偶然に選ばれたものではありません。新約聖書の記者たちは、現代の学者たちが何世代にもわたって二元論的な釈義の暗い流れに対抗し、長い時間をかけて解明してきたことを、明確かつ容易に理解していました。つまり、キリスト教のプロジェクト全体の要点は、新しい倫理や古い倫理を維持するための新しい方法を開発したり提唱したりすることでも、異なる祈りのパターンを持つ新しい霊性を提供することでもなく、「天国に行く」ための新しい方法を提案することでさえもありません。それらのすべては、最終的な全体像の中に入ってきますが、どれもその核心を捉えていません。

初期キリスト教の核心は、ナザレのイエスにおいて、創造主である神が、現在の被造物、特にそれを管理するはずであった人間の反逆と堕落に対処し、新しい生き生きとした被造世界への道を開き、その中で本来の意図が成就する、という信念だったのです。だからこそ、旧約聖書で何世紀にもわたって複婚制が守られてきたにもかかわらず、新約聖書では、イエスに従う者は単婚制が必須であると、すべてのページで前提とされているのです。弟子たちも認識していたように、依然として困難はありましたが（マタ19・10）、イエスの十字架上の勝利とその聖霊の力によって、このことは可能になりました。

このことから、次のような疑問が湧いてきます。これは重要な問いですが、ここで詳しく説明はできません。もしそうだとしたら、つまり、単婚制が究極的に新しい創造の一部であるとしたら、たとえ（離婚と再婚によって）連続的にではあったにせよ、なぜキリスト者ではない人にまで単婚制を行うことが要求されるのでしょうか？　この問いは、今日のポスト・キリスト教時代の西洋諸国の市民生活に現れている、それと類似した多くの問題と共通しています。すなわち、キリスト教（ユダヤ教も）特有の、胎児や高齢者、病弱な人々の命に対する尊敬を、なぜ国家が強制しなければならないのでしょうか？　なぜキリスト者は、他の人々も「自分たちの」生き方を守るように求めなければならないのでしょうか？

このような形で生じてくる多くの問いには、それぞれ独自の力学がありますが、この問いも例外ではありません。ある文化では複婚制が普及し、またある文化ではその可能性があるにもかかわらず、人類の歴史上、今日に至るまでほとんどの文化が単婚制に惹《ひ》かれ、そこに留まってきました。この関係を壊そうとして他の圧力がどれほどかかってきたとしても、男と女のユニークな結びつきには非常に強力なものがあるようです。ほとんどの人間は、これが賢明で健康的な人間生活の基礎の一つであることを、骨の髄まで知っているかのようです。実際、「骨の髄まで」とは、（血液や神経なども含めれば）文字どおり事実かもしれません。これは頭の中の単なる考えではなく、文字どおり身体そのものに存在する知識かもしれません。

しかし、それは中心的な問題ではありません。本当のポイントは、他の多くの問いへの道しるべともなるものですが、「なぜキリスト教の道徳が、非キリスト者にとって良いものでなければならないのか？」と人々が問うときの答えは、ナザレのイエスにおいて、世界の創造主が世界を――世界の一部であるキリスト者たちだけではなく、世界全体を！――救い、刷新したのだというキリスト教の主張です。

もちろん、キリスト者でない人たちは、そんなことは信じていないと言うでしょう。けれども、キリスト者は信じており（あるいは少なくとも信じるべきであり）、したがってイエスにおいて始まった新しい創造は、すべての人にとってすべてのレベルで良い知らせなのであり、たとえ明確なキリスト教信仰を共有していなくても、人々がイエスの中に、そしてイエスが模範とし、明確にした生き方の中に見られる宇宙の性質にしたがって生きるなら、やはりそれはより良く、より賢く、より公平な世界になるのだと信じているのです。

他の多くの事柄と同様、単婚制についても、人々がこれを受け入れられなくなる時が来ると私は考えています。本章の冒頭で述べたポリアモリーの台頭は、自分自身について自然に単婚的でないと考え始めている人たちがいることを示しています。そして、人々が自分の本質は複婚、一夫多妻、一妻多夫等々にあると主張するにつれ、この新しい種類のアイデンティティ・ポリティクスは、より強く主張されるようになると予想されます。

新約聖書に根ざしたキリスト者は、そのような本能は深く根付いていることに疑いはないが、にもかかわらずそれは、いまだ混乱した人間性の兆候であると言うでしょう。（いまでは誰もが知っているように、性的本能や学習された行動パターンは非常に深く、実際人間存在の一部であるように見えるのは確かですが。）マルコによる福音書10章5節の言葉を借りれば、それらは「心のかたくなさ」を反映しています。このような心のかたくなさに社会が対応できるよう規制を設ける必要があります。しかし、創造の当初の意図と、そのヴィジョンを取り戻す可能性についてのヴィジョンは、継続しています。

今後の議論では、理論と実践の間のこのやっかいなギャップに焦点を当てていく必要があります。それはキリスト者共同体においても、非キリスト者共同体においても、カップルにおいても、個人の心においても、同様です。しかし、根本的なポイントは明確でなければなりません。単婚制は、キリスト教の観点からすると、独身制に代わる唯一の適切な手段です。

このことは、「聖書と神の権威」について、私たちに何を教え、何を示しているのでしょうか？第一に、聖書に書かれているからといって、何でも有効であったり尊いものであると考えるような、聖書の「平板な」読み方はできない、という点が強調されました。薄っぺらいウェブサイトであれ、明らかに真面目なプロジェクトであれ、聖書の中に見いだせるものは、ただそれゆえに有効な教えであるという議論に挑戦しなければなりません。それは、聖書が神の意図された書物でないというのではなく、私たちがこの書物を読むときに、祈りと聖霊に導かれた知性を使うことを神は意図されているからです。

第二に、私たちがもう一度捉えなければならないのは、聖書を異なる章を持つ物語として、異なる幕から成る劇として見ることです。そしてこの物語全体を、第4幕でクライマックスを迎え、第5幕でその結果としての解決を迎え、元のプロジェクトを回復するという観点から理解しなければなりません。

このように、聖書の中には、神が真剣に関わった人々を含め、確かに複婚制が多く見られます。しかし私たちは、イエスご自身の教えと、さらには、創造を回復し、刷新するイエスのわざに基づいて、聖書をそのようなナラティヴとして賢く読むなら、独身に召されていない人々の適切な召命として、明確かつ決定的に聖書が単婚制を指し示していることを確認しなければなりません。

私は始めたところで筆を置きます。単婚制に疑問を持つ西洋人はほとんどいないので、ここでの議論は意外に思えるかもしれません。実際、複婚制を提唱している人はほとんどいません

（もちろんそういった人もいますが）。よく考え抜かれた複婚主義者に対して、聖書の権威からどのように反論したらよいかを知っている人はほとんどいないでしょう。しかし、私がこの本の中で試みたように、創造主である神には、この世界を一歩一歩段階的に扱い、最終的にイエス・キリストにおいて、またイエス・キリストを通して決定的に扱われるという全体的な物語と意図があります。

それに照らして聖書の権威の問題に取り組むなら、聖書全体を通して、またその中で媒介される神の権威は、物語全体の重要なテーマとしてイエス・キリストによる被造物の刷新を指し示していることが分かります。そして、その刷新の中で、単婚制の刷新と、生涯にわたる結婚を祝うようにとの招きは、それ自体としてだけでなく、全世界に対する創造主の意図を示す、最も明確な道しるべの一つとしてひときわ目立っています。

単婚制は、今日、緊急に必要とされている宇宙の真理の一つを指し示しています。創造主の目的は、天と地をばらばらにすることではなく、むしろ、その代償は大きくても、すばらしく豊かな合一へと導くことです（エフェ1・10）。イエス・キリストにおいてすでに実現されたその目的は、単婚制の結婚によって示され、具体化され、進められていくのです。

訳者あとがき

本書はN. T. Wright, *Scripture and the Authority of God: How to Read the Bible Today*, 2nd edition (London: SPCK, 2013) の日本語訳です。本文はすべて翻訳しましたが、巻末の文献案内（Appendix: Recent Resources on Scripture）は割愛しました。そこに挙げられている文献は未邦訳のものが多く、それらに興味のある方々は原書に容易に当たっていただけると考えたからです。また事項索引も簡略化した人名索引に置き換えました。

本書は訳者にとって、2020年にあめんどうから出た『シンプリー・グッドニュース――なぜ福音は「良い知らせ」なのか』に続く二冊目のN・T・ライトの翻訳になります。そちらの「訳者あとがき」にも記したように、邦訳書は多数出版されているため、ここでの著者紹介は省略しました。

聖書は言わずと知れた世界的ベストセラーとして、世界の思想や文化に巨大な影響を与えてきた書です。その影響は決してキリスト教だけにとどまるものではありませんが、特にキリスト教において聖書は「神の言葉」としての特別な権威を有しています。中でも宗教改革以来の「聖書のみ（sola scriptura）」の伝統に立つプロテスタント教会においての聖書（旧新約66巻）は、キリスト教徒の信仰と実践における唯一で最終的な権威として、中心的な位置を占めています。ところが、これほどに重要視されている聖書ですが、いざその聖書をどのように解釈し、現代の複雑な状況に適用するのか、という段になると、キリスト教会のコンセンサスは途端に失われ、混乱を極めているのが現実です。キリスト教会の中でも聖書論——聖書はどのような書物で、どのように働くのか——の理解に違いがあるため、教会が現代直面している喫緊の課題に向き合おうとするときに、対立する意見を持つ人々の議論が平行線をたどる光景が繰り返されてきました。より保守的な人々は、聖書テクストの文言をそのまま現代の状況に表面的に当てはめようとして、さまざまな場面で軋轢《あつれき》を生み出しています（この点で、現在訳者も所属する福音派の聖書観は時に、「聖書崇拝（bibliolatry）」と揶揄《やゆ》されることがあります）。他の人々は、聖書の大部分は現代に合わない「時代遅れ」のものとして捨て去ろうとします。

本書を通して、著者ライトは右のどちらでもない「第三の道」を提示しています。それは、聖書全体を一つの大きな物語（メタナラティヴ）としてとらえ、それを通して神の権威がどのように行使されるのか、を考えようとするものです。ライトの提案は、一方では教会が現代において聖書の権威（すなわち聖書を通して行使される神自身の権威）を真摯に受け止めつつ、他方では、断片的で短絡的な聖書の適用から離れて、より柔軟に、クリエイティヴに現代の諸課題に取り組むことができる可能性を示していると思われます。

ただし、このように聖書を通して行使される神の「権威」とは、いったいどのようなものなのでしょうか。イエス・キリストが宣べ伝えた新約聖書の中心的メッセージは「神の国」（字義通りには「神の王国あるいは王権」）であった、というのが現代聖書学の多数意見です。しかし同時に忘れてはならないのは、イエスはその生きざまと十字架の死を通して、「権威」に関する地上的な通念を逆転させ、暴力や強制をもって他者を支配する「上からの権威」ではなく、自己犠牲的な愛をもって他者に仕える、逆説的な「下からの権威」のあり方を示した、ということです。

ライトが主張する聖書の権威も、そのような逆説的な「愛の権威」として働くことを心に留めていきたいと思います。キリスト教の歴史を紐《ひも》解けば、教会が聖書を武器として他者を支配し傷つけるために用いてきた例は枚挙に暇《いとま》がありません。教会は現在、そのような聖書の権威の誤用に対して真摯な反省を迫られているのです。

ここで訳語について付記させていただきます。ライトが第10章のケーススタディで取り上げている monogamy は、「単婚制」とも「一夫一婦制」とも訳される言葉です。実際に本書を読めば、ライト本人はこの言葉を一人の男性と一人の女性との間の婚姻と定義し、そこに同性単婚の可能性を含めていないことが分かります。しかし、本書のケーススタディにおいて同性婚の問題は主要な論点ではありませんし、あえて今日大きな論争となっていない主題を選ぶというライト自身の意図を反映するためにも、より包括的で字義的な「単婚制」の訳語を採用しました。あるべき単婚制の形に関する意見の相違を認識したうえで、ライトがこのケーススタディで提起している中心的な問題を共に考えていただければ幸いです。

さらに言えば、「聖書的な結婚」とはどのようなものか、そもそも聖書は特定の社会制度を人類の普遍的な基準として提示しているのか、キリスト教会一般でもライトの属する英国国教会においても多様な意見が存在します。訳者自身、このケーススタディで展開されているライトの議論には、いつもの彼らしい緻密さと説得力が感じられず、その結論にも同意しかねています。本書の4ページに「訳者および発行者は、著者の個人的見解のすべてに同意しているものではありません」と注記されているとおりです。この点について、ここでは訳者の見解の違いを表明するにとどめ、場を改めて私見を明らかにしていきたいと願っています。

ライトが本書で主張していることとは、現代のキリスト者／教会が「聖書に従って生きる」とは、単に個別のテクストの表面上の文言をナイーヴに繰り返すことではなく、聖書全体の大きなストーリーラインを踏まえたうえで、現代の社会にふさわしい実践を「アドリブで演じる」ことです。そこには唯一の正解はなく、各自が置かれた状況の中で、神の救済のドラマの一場面としてふさわしいパフォーマンスを創造的に作り出していくことが求められます。

個別の論点についてライトに同意できない場合であっても、聖書の権威に関する彼の基本的な主張は、なお真剣な考察に値するものであると訳者は考えています。彼の全体的主張におおむね同意しつつ、その具体的な適用については異なる考えを持つことも当然ありうるでしょう。二つのケーススタディで提示されるライト本人の「アドリブ」がどこまで説得力を持つかは、読者各位の判断に委ねたいと思います。そしてそれぞれの置かれた場でよりふさわしいと思われる「アドリブ」を演じていただければ、ライト本人も喜ばれるのではないかと思います。

本書を通して、読者の皆様が新たな視点から聖書を読み、そこで展開される神のドラマに参加して、現代というこの劇の一場面を共に作り上げる共演者となってくださることを心から願っています。

最初に本書翻訳のお話をいただいてから、思わぬ長い月日が流れてしまいました。遅々として仕事の進まぬ訳者を忍耐強く励まし、出版まで導いてくださったあめんどう社主の小渕春夫氏には心から感謝いたします。

2024年　受難節

横浜にて　山﨑ランサム和彦

ま

や

ら

わ

人名索引

聖句索引

著者◎**N.T.ライト**（Nicholas Thomas Wright 1948~）

セント・アンドリュース大学神学部教授。オックスフォード大学ウィクリフホール上席研究員。リッチフィールド主席司祭、ウェストミンスター・カノン神学者他を歴任。元ダラム主教。

専門は新約学、初期キリスト教学、史的イエス研究、パウロ神学。80冊以上の著作、多数の論文、世界各地での講義、各種メディアでの盛んな発信により、現代で最も影響力のある神学者の一人。

邦訳：『新約聖書と神の民』（上・下 新教出版社）『クリスチャンであるとは』『シンプリー・ジーザス』『驚くべき希望』『シンプリー・グッドニュース』『神とパンデミック』（以上 あめんどう）『使徒パウロは何を語ったのか』『イエスの挑戦』（以上 いのちのことば社）『悪と神の正義』新約聖書講解全18巻シリーズ（以上 教文館）等

訳者◎**山﨑ランサム和彦**（やまざきらんさむ・かずひこ）

大阪生まれ。東京大学、ベテル神学校、トリニティ福音主義神学校卒。哲学博士（新約聖書学専攻）。聖契神学校教務主任、鶴見聖契キリスト教会協力牧師。日本福音主義神学会全国理事長。
著書：『平和の神の勝利』（プレイズ出版）*The Roman Empire in Luke's Narrative* (T&TClark) 他。
訳書：N.T.ライト『シンプリー・グッドニュース』 V・ロバーツ『神の大いなる物語』他。

聖書と神の権威——聖書はどういう意味で「神の言葉」であるのか

2024年5月10日 第1刷発行

著者 N.T.ライト
訳者 山﨑ランサム和彦

装丁 吉林 優
協力 三浦三千春 小渕朝子
発行所 あめんどう
発行者 小渕春夫
〒101-0062 東京都千代田区神田駿河台2-1 OCCビル
www.amen-do.com メール：info@amen-do.com
電話：03-3293-3603 FAX：03-3293-3605

ISBN978-4-900677-46-3
印刷 モリモト印刷
2024 Printed in Japan